ΔΙΚΤΥΑΚΟ ΜΑΡΚΕΤΙΝΓΚ

ΕΠΑΓΓΕΛΜΑΤΙΚΟΣ ΟΔΗΓΟΣ ΣΕ ΜΟΝΟ 40 ΣΕΛΙΔΕΣ

Dr Neo

authorHOUSE

AuthorHouse™ UK Ltd.
1663 Liberty Drive
Bloomington, IN 47403 USA
www.authorhouse.co.uk
Phone: 0800.197.4150

© 2014 Dr Neo. All rights reserved.

No part of this book may be reproduced, stored in a retrieval system, or transmitted by any means without the written permission of the author.

Published by AuthorHouse   03/24/2014

ISBN: 978-1-4969-7511-9 (sc)
ISBN: 978-1-4969-7512-6 (e)

Any people depicted in stock imagery provided by Thinkstock are models, and such images are being used for illustrative purposes only.
Certain stock imagery © Thinkstock.

This book is printed on acid-free paper.

Because of the dynamic nature of the Internet, any web addresses or links contained in this book may have changed since publication and may no longer be valid. The views expressed in this work are solely those of the author and do not necessarily reflect the views of the publisher, and the publisher hereby disclaims any responsibility for them.

ΠΕΡΙΕΧΟΜΕΝΑ

ΠΡΟΛΟΓΟΣ			01
ΕΙΣΑΓΩΓΗ			01
ΚΕΦΑΛΑΙΟ 1º			02
ΤΥΠΟΙ ΕΡΓΑΣΙΑΣ			02
ΤΥΠΟΙ ΠΩΛΗΣΕΩΝ			03
ΔΙΚΤΥΑΚΟ ΜΑΡΚΕΤΙΝΓΚ			04
ΚΕΦΑΛΑΙΟ 2º			07
ΚΑΤΗΓΟΡΙΕΣ ΔΙΚΤΥΩΤΩΝ			07
ΟΚΤΩ ΙΚΑΝΟΤΗΤΕΣ ΓΙΑ ΝΑ ΛΕΓΕΣΑΙ ΕΠΑΓΓΕΛΜΑΤΙΑΣ ΔΙΚΤΥΩΤΗΣ			08
ΜΕΡΟΣ 1	ΠΡΟΕΤΟΙΜΑΣΙΑ		09
	ΙΚΑΝΟΤΗΤΑ 1	ΣΤΟΧΟΙ	09
	ΙΚΑΝΟΤΗΤΑ 2	ΛΙΣΤΑ	10
	ΒΟΗΘΗΤΙΚΟΣ ΠΙΝΑΚΑΣ ΖΩΝΤΑΝΗΣ ΛΙΣΤΑΣ		11
	ΠΙΝΑΚΑΣ ΕΠΑΓΓΕΛΜΑΤΩΝ		12
ΜΕΡΟΣ 2	ΚΑΘΟΔΗΓΗΣΗ ΤΟΥΣ ΚΑΛΕΣΜΕΝΟΥΣ		14
	ΙΚΑΝΟΤΗΤΑ 3	ΚΑΛΕΣΜΑ (004)	14
	ΙΚΑΝΟΤΗΤΑ 4	ΠΑΡΟΥΣΙΑΣΗ (015)	22
	ΙΚΑΝΟΤΗΤΑ 5	ΕΝΗΜΕΡΩΣΗ (016)	24
	ΙΚΑΝΟΤΗΤΑ 6	ΚΛΕΙΣΙΜΟ (018)	27
ΜΕΡΟΣ 3	ΚΑΘΟΔΗΓΗΣΗ ΚΑΙΝΟΥΡΓΙΩΝ ΜΕΛΩΝ		28
	ΙΚΑΝΟΤΗΤΑ 7	ΣΥΝΕΧΗΣ ΠΑΡΑΚΟΛΟΥΘΗΣΗ	28
	ΙΚΑΝΟΤΗΤΑ 8	ΠΡΟΩΘΗΣΗ ΣΥΝΑΝΤΗΣΕΩΝ	30
ΚΕΦΑΛΑΙΟ 3º			32
ΠΩΣ ΝΑ ΠΕΤΥΧΟΥΜΕ ΓΕΝΙΚΑ ΣΤΗ ΖΩΗ ΜΑΣ			32
ΒΙΒΛΙΟΓΡΑΦΙΑ			39
ΑΝΑΦΟΡΕΣ			39
ΛΙΓΑ ΛΟΓΙΑ ΓΙΑ ΤΟΝ ΣΥΓΓΡΑΦΕΑ			40

Αυτό το βιβλίο είναι αφιερωμένο σε αυτούς που πήραν την μεγάλη απόφαση να δημιουργήσουν την δική τους επιχείρηση και να το κάνουν επαγγελματικά. Είμαι περήφανος για σας που βρήκατε το θάρρος να ακολουθήσετε τα όνειρά σας.

Επίσης είναι αφιερωμένο στους μέντορες μου **Jim Rohn, Robert T Kiyosaki** και **Eric Worre**, γιατί χωρίς αυτούς, δεν θα είχα τις ικανότητες και τη δύναμη να βοηθήσω τον κόσμο της βιομηχανίας του Δικτυακού Μάρκετινγκ.

Αλλά πρώτα από όλα στη γυναίκα μου Βαρβάρα για την κατανόηση και συμπαράσταση που μου δίνει καθημερινά.

ΠΡΟΛΟΓΟΣ

Το βιβλιαράκι που κρατάτε στα χέρια σας, το έχω γράψει καταρχήν για τον εαυτό μου, όταν αποφάσισα να γίνω επαγγελματίας στο Δικτυακό Μάρκετινγκ μετά από πάρα πολλές ερασιτεχνικές πράξεις, οι οποίες ωστόσο, μου έμαθαν τον δρόμο του επαγγελματία. Αποφάσισα λοιπόν να συναρμολογήσω όλες τις εκπαιδεύσεις και σεμινάρια που έχω παρευρεθεί, όλα τα βιβλία που έχω διαβάσει και όλες τις εμπειρίες για το Δικτυακό Μάρκετινγκ που έχω βιώσει. Το τελικό 'χτύπημα' ήταν όταν διάβασα το βιβλίο του *Eric Worre*, 'GO PRO'. Είπα αυτό είναι! Τα έχω όλα στο μυαλό μου, πρέπει να τα έχω και γραπτώς.

Όταν είδα πλέον στην πράξη τη διαφορά επαγγελματία και ερασιτέχνη, αποφάσισα να κάνω τις σημειώσεις μου βιβλιαράκι για να βοηθήσω την ομάδα μου. Μετά σκέφτηκα . . . . γατί να μην βοηθήσω ολόκληρο τον κόσμο της βιομηχανίας του Δικτυακού Μάρκετινγκ; Όλοι μας χρειαζόμαστε ένα εγχειρίδιο για σωστή καθοδήγηση!!!

Ελπίζω να σας φανεί χρήσιμο όπως μου φάνηκε και εμένα.

ΕΙΣΑΓΩΓΗ

Αποφάσισα να μπω σε αυτή τη βιομηχανία για δύο λόγους. Να στηρίξω χρηματοοικονομικά την οικογένεια μου και να ξοφλήσω τα δάνεια μου. Στην πορεία συνειδητοποίησα ότι μπορώ να εξασφαλίσω και χρήματα αλλά και χρόνο. Επίσης έχω καταλάβει πως είναι ο μοναδικός τρόπος ούτως ώστε να φτάσω την κοινωνική θέση εκατομμυριούχου, αφού έχω πάρει τεράστια μόρφωση μέσω του Δικτυακού Μάρκετινγκ, όπως προσωπική ανάπτυξη, χρηματοοικονομικά, επικοινωνία, ηγεσία. Άρα ο οποιοσδήποτε θα μπορούσε να το πετύχει, φτάνει να το θελήσει ο ίδιος. Το βιβλίο αποτελείται από τρία κεφάλαια στα οποία εμπεριέχονται τρία επιμορφωτικά θέματα. Χρηματοοικονομικά, οδηγός πώς να μεταλλάξει κάποιος από απλό δικτυωτή σε επαγγελματία και το τρίτο θέμα περιγράφονται οι πέντε σημαντικές μορφώσεις που πρέπει να ακολουθήσει κάποιος για να πετύχει γενικά στη ζωή του.

ΚΕΦΑΛΑΙΟ 1ο

ΤΥΠΟΙ ΕΡΓΑΣΙΑΣ

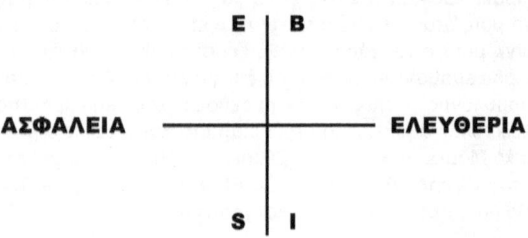

Βάσει του κορυφαίου πολυεκατομμυριούχου οικονομολόγου *Robert T Kiyosaki*, υπάρχουν τέσσερεις τύποι εργασιών, ένας σε κάθε τεταρτημόριο:

E = EMPLOYEE = ΥΠΑΛΛΗΛΟΣ
S = SELF-EMPLOYED = ΑΥΤΟ-ΕΡΓΟΔΟΤΟΥΜΕΝΟΣ
B = BUSINESS MAN = ΕΠΙΧΕΙΡΗΜΑΤΙΑΣ
I = INVESTOR = ΕΠΕΝΔΥΤΗΣ

Ο **E** και ο **S** γυρεύουν κάπου να έχουν ένα πιο ασφαλές μέλλον, ενώ ο **B** και ο **I** ψάχνουν να βρουν ελευθερία.

E   -Έχει μια 'ασφαλές' εργασία για το προς το ζην, ανταλλάσοντας χρόνο με χρήμα.
S   -Πατροί, λογιστές, δικηγόροι .... Μπορεί να έχουν λεφτά, αλλά δεν έχουν τον χρόνο
B   -Αυτός που έχει επιχειρήσεις και τις τρέχουν άλλοι.
I   -Αυτός που επενδύει επαγγελματικά

Κάποιος δικτυωτής όταν αποκτήσει επαγγελματικές ικανότητες, με την εμπειρία του πλέον, σε οποιοδήποτε τεταρτημόριο κι αν βρισκόταν πριν, έχει την ικανότητα να δημιουργεί εισόδημα και από το **B** τεταρτημόριο του **ΕΠΙΧΕΙΡΗΜΑΤΙΑ** και μετέπειτα, εφόσον το θελήσει ο ίδιος, με σωστή χρηματοοικονομική εκπαίδευση, θα μπορεί να δημιουργεί εισόδημα και από το **I** τεταρτημόριο του **ΕΠΕΝΔΥΤΗ**.

ΔΙΚΤΥΑΚΟ ΜΑΡΚΕΤΙΝΓΚ

ΤΥΠΟΙ ΠΩΛΗΣΕΩΝ

ΚΛΑΣΣΙΚΗ ΠΩΛΗΣΗ-Οι πωλήσεις προϊόντων ή υπηρεσιών από τους ιδιώτες ή επιχειρήσεις στον τελικό καταναλωτή. Οι έμπορες ανήκουν σε ένα ολοκληρωμένο σύστημα που λέγεται αλυσίδα εμπορευμάτων. Ο έμπορας αγοράζει προϊόντα από τον κατασκευαστή σε μεγάλη ποσότητα w και μετά τα πουλά σε λιανικές τιμές στον καταναλωτή (**ΛΙΑΝΙΚΟ ΕΜΠΟΡΙΟ**).

ΑΠΕΥΘΕΙΑΣ ΠΩΛΗΣΕΙΣ-Είναι το μάρκετινγκ και η πώληση προϊόντων ή/και υπηρεσιών απ' ευθείας στον καταναλωτή μακριά από μια σταθερή λιανική θέση. Μορφές άμεσης πώλησης είναι, ομαδικές συναντήσεις, ένας-προς-ένα ή δύο-προς-ένα, όπως και άλλες προσωπικές ρυθμίσεις επικοινωνίας, καθώς και πωλήσεις μέσω Διαδικτύου.

ΔΙΚΤΥΑΚΟ ΜΑΡΚΕΤΙΝΓΚ-Ανήκει στην κατηγορία των απευθείας πωλήσεων όπου οι ανεξάρτητοι αντιπρόσωποι μπορούν να παρέχουν τις υπηρεσίες ή/και τα προϊόντα τους με την κλασσική μέθοδο των απευθείας πωλήσεων, αλλά επίσης μπορούν μέσω εκπαιδεύσεων που παρέχουν οι εταιρείες, να χτίσουν τον δικό τους οργανισμό και να δημιουργήσουν και εκπαιδεύσουν άλλους ανεξάρτητους αντιπροσώπους να κάνουν το ίδιο. Με αυτή τη μέθοδο οι ανεξάρτητοι αντιπρόσωποι αποκτούν ένα συνεχές αυξανόμενο παθητικό εισόδημα το μήνα από τις πωλήσεις και εγγραφές των αντιπροσώπων που υπάρχουν στην ομάδα τους. Επίσης αποκαλείται και Πολύ-Επίπεδο Μάρκετινγκ. Σήμερα είναι μία βιομηχανία πολύ-δισεκατομμυρίων.

ΠΥΡΑΜΙΔΕΣ-Παράνομος τύπος Δικτυακού Μάρκετινγκ, όπου ο ανεξάρτητος αντιπρόσωπος πληρώνει κάποιο ποσό για να εγγραφεί σε αυτό το σχέδιο και να πείσει άλλους να εγγραφούν και οι άλλοι άλλους, για να πάρει προμήθεια χωρίς να υπάρχει προϊόν ή υπηρεσία ή να υπάρχουν αλλά με μηδαμινή ή και ακόμη πολύ υπερτιμημένη αξία. Το σύστημα αυτό απαγορεύεται στις περισσότερες χώρες. Τέτοιοι τύποι σχεδίων υφίστανται εδώ και τουλάχιστον ένα αιώνα, όπου μερικά έχουν την ικανότητα να κρύβουν με παραλλαγές την πραγματική τους φύση και εξαιτίας αυτού, πολλοί άνθρωποι πιστεύουν ότι όλα τα δικτυακά μάρκετινγκ επίσης είναι πυραμίδες.

Dr Neo

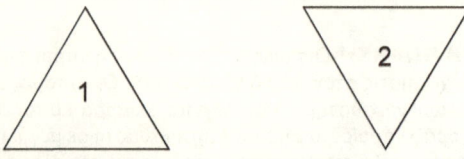

ΣΤΗΝ ΠΥΡΑΜΙΔΑ 1 Ο ΙΔΙΟΚΤΗΤΗΣ Η ΠΡΟΕΔΡΟΣ ΟΠΟΙΟΥΔΗΠΟΤΕ ΟΡΓΑΝΙΣΜΟΥ (ΕΠΙΧΕΙΡΗΣΗΣ, ΚΥΒΕΡΝΗΣΗΣ, ΣΤΡΑΤΟΥ, ΣΧΟΛΕΙΟΥ), ΕΙΝΑΙ ΠΑΝΤΑ ΑΠΟ ΠΑΝΩ, ΣΤΗΝ ΚΟΡΥΦΗ ΕΝΩ ΟΙ ΕΡΓΑΤΕΣ ΣΤΟ ΤΕΛΕΥΤΑΙΟ ΕΠΙΠΕΔΟ. ΕΔΩ ΑΝΗΚΟΥΝ ΟΙ ΚΛΑΣΣΙΚΕΣ ΠΩΛΗΣΕΙΣ.

ΣΤΗ ΠΥΡΑΜΙΔΑ 2 ΠΑΝΤΑ ΑΡΧΙΖΟΥΜΕ ΑΠΟ ΤΟ ΜΗΔΕΝ ΚΑΙ ΜΕΓΑΛΩΝΟΥΜΕ ΤΟΝ ΟΡΓΑΝΙΣΜΟ ΜΑΣ ΑΝΑΛΟΓΩΣ ΜΕ ΤΟ ΓΙΑΤΙ ΜΑΣ, ΤΙΣ ΙΚΑΝΟΤΗΤΕΣ, ΕΜΠΕΙΡΙΕΣ ΚΑΙ ΤΟ ΠΑΘΟΣ ΜΑΣ. ΣΕ ΑΥΤΗ ΤΗ ΠΥΡΑΜΙΔΑ ΑΝΗΚΟΥΝ ΟΙ ΑΠΕΥΘΕΙΑΣ ΠΩΛΗΣΕΙΣ ΚΑΙ ΤΟ ΔΙΚΤΥΑΚΟ ΜΑΡΚΕΤΙΝΓΚ.

ΔΙΚΤΥΑΚΟ ΜΑΡΚΕΤΙΝΓΚ

ΤΙ ΕΙΝΑΙ ΠΡΑΓΜΑΤΙΚΑ ΤΟ ΔΙΚΤΥΑΚΟ ΜΑΡΚΕΤΙΝΓΚ; Είναι η εξέλιξη των προνομιούχων αλυσίδων όπως Starbucks, McDonalds, KFC και άλλα, με δύο κύριες διαφορές. Στις αλυσίδες χρειάζεται ένα τεράστιο ποσό για επένδυση και ασχολείται αποκλειστικά με περιορισμένο τοπικό πληθυσμό. Ενώ στο Δικτυακό Μάρκετινγκ μπορεί κανείς να αρχίσει την επιχείρηση του με ένα πολύ μικρό ποσό και δεν υπάρχει κανένας περιορισμός με το ποιους θα ήθελε κάποιος να συνεργαστεί. Έχει αποδειχθεί ότι η μέθοδος επικοινωνίας διαφήμισης από στόμα σε στόμα, είναι πολύ πιο αποτελεσματική από τον παραδοσιακό τρόπο διαφήμισης, ειδικά όταν το μήνυμα προέρχεται από κάποιον που γνωρίζουμε και εμπιστευόμαστε. Στο Δικτυακό Μάρκετινγκ, μπορεί ο οποιοσδήποτε ανεξαρτήτου φύλου, ηλικίας, χρώματος και μορφώσεως, να έχει την δυνατότητα να φέρει τεράστια επιτυχία. Φυσικά αυτό εξαρτάτε από το γιατί του καθενός, το πόσο πρόθυμος είναι να μάθει καινούργιες ικανότητες, το πάθος του, υπομονή και επιμονή.

ΔΙΚΤΥΑΚΟ ΜΑΡΚΕΤΙΝΓΚ

ΠΩΣ ΔΟΥΛΕΥΕΙ; ΑΠΛΟ! Καταρχάς πρέπει να γίνουμε «ένα με το προϊόν/υπηρεσία». Εάν δεν κάνει για μας, καλύτερα να βρούμε κάποιο προϊόν/υπηρεσία σε μια άλλη εταιρεία που να μας εκπληρώνει. Κατόπιν δεδομένου, αφού βλέπουμε ότι επωφελούμαστε, είναι χρόνος να το συστήσουμε σε όσους γνωρίζουμε, επειδή πιθανώς να το έχουν ανάγκη και αυτοί. Αυτό ήταν το δύσκολο μέρος. Όσον αφορά την επιχειρηματική ευκαιρία, αφού το έχουμε πιστέψει και το συστήνουμε στους φίλους μας, είναι καιρός να βοηθήσουμε τα άτομα του οργανισμού μας, εφόσον το έχουν πιστέψει και αυτοί σαν εμάς, να ανεξαρτητοποιηθούν από εμάς και να αποκτήσουν τις ικανότητες να δημιουργήσουν τον δικό τους οργανισμό. Είναι μια δέσμευση αφιέρωσης 5-20 ώρες τη βδομάδα για 3-5 χρόνια για την εκμάθηση των σωστών ικανοτήτων για την επίτευξη του πλούτου που μας αξίζει.

ΚΑΤΑΝΟΩΝΤΑΣ ΤΟ ΠΡΟΙΟΝ Ή/ΚΑΙ ΤΗΝ ΥΠΗΡΕΣΙΑ Όπως ανάφερα πιο πάνω, πρέπει να το έχουμε δοκιμάσει οι ίδιοι και να επωφελούμαστε από αυτό. Τότε θα μπορούμε να μοιραστούμε τις πληροφορίες με τους γνωστούς μας και να το εξηγούμε καλά.

ΚΑΤΑΝΟΩΝΤΑΣ ΤΟ ΣΧΕΔΙΟ ΠΛΗΡΩΜΗΣ Τα σχέδια πληρωμής διαφέρουν από εταιρεία σε εταιρεία. Γενικά όταν μια πληρωμή είναι πάνω από το 60% του κέρδους, δηλώνει ότι το προϊόν/υπηρεσία είναι υπερτιμημένο στην αγορά, εκτός αν είναι μοναδικό ή υπάρχει αποκλειστική πατέντα. Διαφορετικά θα έχει ημερομηνία λήξεως όπως και οι περισσότερες πυραμίδες. Τα περισσότερα σχέδια πληρωμής εμπίπτουν σε δυαδικό, πίνακα (matrix) και τα παλαιότερα όπως διασπώμενο και μόνο-επίπεδο.

ΠΩΣ ΝΑ ΑΡΧΙΣΩ ΤΩΡΑ; Η επιτυχία έρχεται μετά από δύο ολοκληρωμένες φάσεις. 1η φάση, το συστήνουμε επαγγελματικά σε όσα άτομα μπορούμε. 2η φάση, εκπαιδεύουμε τα άτομα του οργανισμού μας να κάνουν το ίδιο. Κάνουμε μια λίστα με ονόματα και ακλουθώντας τις οδηγίες του ειδικού, τότε αρχίζουμε να το συστήνουμε στα άτομα μας με την βοήθειά του. Βρίσκουμε τους στόχους μας, τους διαβάζουμε 2-3 φορές τη μέρα, ούτως ώστε να μην ξεφεύγουμε από την πορεία μας, που οδηγεί στη δική μας επιτυχία.

ΓΙΑΤΙ Ο ΠΕΡΙΣΣΟΤΕΡΟΣ ΚΟΣΜΟΣ ΑΠΟΤΥΓΧΑΝΕΙ;

Δεν υπάρχει το πάθος για μάθηση.
Δεν υπάρχει δράση κι αν υπάρχει, δεν είναι η σωστή.
Δεν υπάρχουν στόχοι που καθοδηγούν το μονοπάτι προς την επιτυχία.
Δικαιολογίες χωρίς αποτελέσματα.
Σύγκριση με άλλους.
Παραίτηση!

Dr Neo

Δεν το βλέπει επαγγελματικά και δεν το χειρίζεται σαν επιχείρηση. Ο περισσότερος κόσμος λέει: «μπορώ να σκεφτώ 5-6 άτομα που θα μπορούσαν να το κάνουν μαζί μου. Η αδερφή μου, ο φίλος μου που είναι γάντι πάνω του, ο θείος μου που είναι ήδη δικτυωτής, ο ξάδερφος μου που δεν έχει δουλειά . . . . ΟΚ είμαι μέσα!!!! Ο περισσότερος κόσμος προσπαθεί να εγγράψει ορισμένους και περιμένει το εισόδημα. Μερικές φορές προσπαθεί να πείσει και λόγο απουσίας σωστής μόρφωσης και εκπαίδευσης απογοητεύονται, αν και στην αρχή είχαν κάποιαν επιτυχία. Τότε φταίνε το σύστημα ότι δεν δουλεύει και χάνονται και φιλίες.

Ο Robert T Kiyosaki επικεντρώνεται στη βιομηχανία του Δικτυακού Μάρκετινγκ στο βιβλίο του, **The Business School For People Who Like Helping People,** που έγραψε με την Sharon L. Lechter, εξηγεί τις 8 αξίες του Δικτυακού Μάρκετινγκ.

1 Η επιχειρησιακή εκπαίδευση που αλλάζει ζωές.
2 Η αξία αλλαγής θέσεων τεταρτημόριου (βλέπε σελ. 02) αντί αλλαγή δουλειών.
3 Η αξία της επιτυχίας στο 'Β' τεταρτημόριο.
4 Η αξία στο να επενδύει κάποιος στην ίδια επιχείρηση που επενδύει και κάποιος πλούσιος.
5 Η αξία στο να ζει κανείς τα όνειρά του.
6 Ποια είναι η αξία του δικτύου.
7 Πώς οι αξίες κάποιου καθορίζουν την πραγματικότητα του.
8 Η αξία της ηγεσίας.

ΚΕΦΑΛΑΙΟ 2°

ΚΑΤΗΓΟΡΙΕΣ ΔΙΚΤΥΩΤΩΝ

Υπάρχουν 3 κατηγορίες ανθρώπων στο δικτυακό μάρκετινγκ. (001)

1) **ΑΣΧΕΤΟΣ**-Λίστα μέχρι 10 άτομα. Νιώθει πως αγόρασε λαχείο. Ελπίζει πως αν γράψει τα πρώτα 3-4 άτομα κλειδιά που έχει σκεφτεί, θα πάει πολύ ψηλά. Τότε αφού δεν πάνε όλα όπως τα προέβλεψε, απογοητεύεται και είτε πάει στην επόμενη κατηγορία είτε παραιτείται. **(βλέπε** σελίδα **5** 'ΓΙΑΤΙ Ο ΠΕΡΙΣΣΟΤΕΡΟΣ ΚΟΣΜΟΣ ΑΠΟΤΥΓΧΑΝΕΙ')

2) **ΕΡΑΣΙΤΕΧΝΗΣ**-Λίστα με 100 άτομα. Οι περισσότεροι επικεντρώνονται στην τύχη, ελπίζοντας να βρουν τον άσσο τους που θα τους κάνει πλούσιους. Το άλλο που σκέφτονται είναι ο χρόνος. Αισθάνονται πως θέλουν να συστήσουν την ιδέα σε όλους τώρα γιατί αύριο μπορεί να είναι αργά. Ανησυχούν για την τοπική αγορά, εάν υπάρχουν και άλλοι αντιπρόσωποι όπως επίσης και για την καμπύλη ανάπτυξης. Ανησυχούν για την τοποθέτηση στη δομή πληρωμής και εάν είναι με τον σωστό ανάδοχο. Θέλουν να βάλουν παντού διαφημίσεις έχοντας το όνομα και τηλέφωνο τους, ελπίζοντας πως κάποιος θα ενδιαφερθεί και να τους τηλεφωνήσει.

3) **ΕΠΑΓΓΕΛΜΑΤΙΑΣ**-Ζωντανή λίστα >1000 άτομα. Είναι συγκεντρωμένος στις ικανότητες που μαθαίνει από βιβλία, άλλα επιτυχημένα άτομα, εκπαιδεύσεις και δικές του εμπειρίες. Επαναλαμβάνει και τελειοποιεί αυτό που κάνει, με την βοήθεια των ικανοτήτων του, μέχρι την απόλυτη ελευθερία. ΕΞΑΣΚΗΣΗ > ΔΙΟΡΘΩΣΗ >ΕΞΑΣΚΗΣΗ >ΔΙΟΡΘΩΣΗ . . . .

Υπάρχουν 3 βασικά στοιχεία που πρέπει να ξέρουμε στη βιομηχανία του Δικτυακού Μάρκετινγκ (ΔΜ) (002)

1] Τα προϊόντα ή/και υπηρεσίες της συγκεκριμένης επιχείρησης που είμαστε μέλη. Όπως αναφέρεται και πιο πάνω, πρέπει να τα γνωρίζουμε πολύ καλά για να μπορούμε να τα εξηγούμε

2] Σχέδιο πληρωμής που πρέπει να είναι εν γνώσει μας.

3] ΕΜΕΙΣ Όλοι έχουν το ίδιο προϊόν και σχέδιο πληρωμής. Άρα εμείς είμαστε η γραμμή μεταξύ επιτυχίας και αποτυχίας. Είναι από το χέρι μας να πετύχουμε.

Η οικονομική ανεξαρτησία στη βιομηχανία του ΔΜ, έρχεται όταν: ΕΧΕΙΣ ΤΙΣ ΙΚΑΝΟΤΗΤΕΣ ΝΑ ΕΚΜΑΘΕΙΣ ΤΑ ΑΤΟΜΑ ΣΟΥ ΝΑ ΕΠΑΝΑΛΑΜΒΑΝΟΥΝ ΣΩΣΤΑ ΛΙΓΑ ΑΠΛΑ ΠΡΑΓΜΑΤΑ ΓΙΑ ΜΙΑ ΜΑΚΡΟΠΡΟΘΕΣΜΗ ΧΡΟΝΙΚΗ ΠΕΡΙΟΔΟ. ΚΑΙ ΑΥΤΟΙ ΝΑ ΜΑΘΟΥΝ ΑΛΛΟΥΣ ΤΟ ΙΔΙΟ. (003) ΑΥΤΑ ΤΑ ΑΠΛΑ ΠΡΑΓΜΑΤΑ, ΑΡΙΘΜΟΥΝ 8.

ΟΧΤΩ ΙΚΑΝΟΤΗΤΕΣ ΓΙΑ ΤΟΝ ΕΠΑΓΓΕΛΜΑΤΙΑ ΔΙΚΤΥΩΤΗ

ΜΕΡΟΣ 1°   ΠΡΟΕΤΟΙΜΑΣΙΑ

          1   ΣΤΟΧΟΙ

          2   ΛΙΣΤΑ

ΜΕΡΟΣ 2°   ΚΑΘΟΔΗΓΗΣΗ ΚΑΛΕΣΜΕΝΩΝ

          3   ΚΑΛΕΣΜΑ

          4   ΠΑΡΟΥΣΙΑΣΗ

          5   ΕΝΗΜΕΡΩΣΗ & ΕΚΜΑΘΗΣΗ

          6   ΚΛΕΙΣΙΜΟ

ΜΕΡΟΣ 3°   ΚΑΘΟΔΗΓΗΣΗ ΚΑΙΝΟΥΡΓΙΩΝ ΜΕΛΩΝ

          7   ΣΥΝΕΧΗΣ ΠΑΡΑΚΟΛΟΥΘΗΣΗ

          8   ΠΡΟΩΘΗΣΗ ΕΚΠΑΙΔΕΥΣΕΩΝ

ΔΙΚΤΥΑΚΟ ΜΑΡΚΕΤΙΝΓΚ

ΜΕΡΟΣ 1ο

ΠΡΟΕΤΟΙΜΑΣΙΑ

ΙΚΑΝΟΤΗΤΑ 1

ΣΤΟΧΟΙ

Τι συμβαίνει στο μυαλό μας όταν θέτουμε στόχους;

Προφανώς, πολύ περισσότερα από όσα νομίζουμε. Σύμφωνα με έρευνα ψυχολόγων, ψυχίατρων, νευρολόγων και άλλων επιστημόνων, η στοχοθεσία είναι ο προγραμματισμός που δημιουργούμε για να πετύχουμε κάτι, έχοντας μέσα στο υποσυνείδητο μας ότι το έχουμε πετύχει ήδη και συμπεριφερόμαστε αναλόγως. Προφανώς ο υποσυνείδητος νους δεν μπορεί να διακρίνει τα πράγματα που θέλουμε και τα πράγματα που έχουμε και δεν έχει λογική. Θα εκπληρώσει ότι ζητήσουμε, φτάνει να αποκτήσουμε την ικανότητα μέσω του πάθους μας, όταν σκεπτόμαστε τον στόχο μας να βάζουμε εικόνες και συναισθήματα.

Βήμα προς Βήμα για την οριοθέτηση στόχου.

ΒΗΜΑ 1	ΠΑΡΕΛΘΟΝ	Τι έχω πετύχει μέχρι τώρα στη ζωή μου;
		Την πρόταση την αρχίζουμε με: 'Μπράβο μου που . . .'
		Το λιγότερο πέντε επιτυχίες.
ΒΗΜΑ 2	ΚΑΤΕΥΘΥΝΤΗΡΙΑ ΔΗΛΩΣΗ	Συγκεκριμένος στόχος με ποιο τρόπο και ημερομηνία επίτευξης.
		Την πρόταση του κάθε στόχου αρχίζουμε με: 'Χαίρομαι τώρα που μπορώ και βλέπω τον εαυτό μου . . .'
		(χαίρομαι και μπορώ=αίσθημα, βλέπω=εικόνα)
ΒΗΜΑ 3	ΩΦΕΛΗΜΑΤΑ	το λιγότερο δέκα για κάθε στόχο
ΒΗΜΑ 4	ΔΕΣΜΕΥΣΕΙΣ	τις πειθαρχίες που θα πρέπει να ακολουθούμε για την επίτευξη του στόχου μας.
ΒΗΜΑ 5	ΚΑΘΗΜΕΡΙΝΟ ΠΡΟΓΡΑΜΜΑ	Δημιουργούμε καθημερινή ρουτίνα για να μην ξεφεύγουμε από τη κατεύθυνση που οδεύει προς τον στόχο μας
ΒΗΜΑ 6	ΠΡΟΣΕΥΧΗ	στη ΔΥΝΑΜΗ που πιστεύει ο καθένας

Αχιλλέας Αχιλλέως **Β.Α.Hyp. NLP (Νεύρο-Γλωσσικός** Προγραμματιστής)
www.achilleasway.com

Dr Neo

Διαβάζω τους στόχους μου 2 με 3 φορές τη μέρα, μέχρι να εμπεδωθεί καλά στο υποσυνείδητο μου και να το πιστέψει. Τότε είναι δουλειά του να βρει τον τρόπο και να με καθοδηγήσει. Για να πετύχει, πρέπει την ώρα που διαβάζω τους στόχους και τα ωφελήματα, να τα αισθάνομαι και να τα βλέπω με κλειστά μάτια.

Ότι αποκτάμε είναι πολύτιμο. Εντούτοις, η μεγαλύτερη αξία δεν είναι το τι αποκτάμε, αλλά τι γινόμαστε στη πορεία για να το αποκτήσουμε.

Γιατί δεν βάζω στόχο να γίνω εκατομμυριούχος; **ΠΡΟΣΟΧΗ!!!** Εάν πω, τι ωραία θα ήταν εάν είχα 1 εκατομμύριο ($,€ κτλ), τότε δεν θα το αποκτήσω ποτέ. Εάν όμως πω... 'Βάζω στόχο να γίνω εκατομμυριούχος, με το τι άνθρωπος θα πρέπει να γίνω για να το πετύχω. Θα το κάνω για τις ικανότητες που πρέπει να αποκτήσω. Για τη χρηματοοικονομική νοημοσύνη που θα πρέπει να έχω, για το πώς μπορώ να μάθω να διαχειρίζομαι το χρόνο μου σωστά, για τις ικανότητες επικοινωνίας με τους συνανθρώπους μου, θα το κάνω για να ανακαλύψω πώς να κρατώ τον εγωισμό μου και τον θυμό μου σε έλεγχο. Θα το κάνω για τις φιλανθρωπικές μου πράξεις που θέλω να προσφέρω, για να είμαι ευγενικός αλλά και δυναμικός.' Αυτά έχουν αξία και όχι το εκατομμύριο. Μετά θα μπορώ να δώσω ολόκληρο το εκατομμύριο πίσω .... Γιατί; Απλά έχω αποκτήσει πλέον τις ικανότητες και μπορώ να το ξανακάνω!!!"
(JIM ROHN)

Ένας τρόπος για να βοηθηθούμε να είμαστε στη σωστή κατεύθυνση προς τους στόχους μας, είναι η θετική σκέψη, την οποία μπορούμε να πετύχουμε μέσω Νεύρο-Γλωσσικού Προγραμματισμού και EFT (Emotional Freedom Technique-Τεχνικής Συναισθηματικής Απελευθέρωσης).

ΙΚΑΝΟΤΗΤΑ 2

ΛΙΣΤΑ

ΕΡΓΑΛΕΙΑ: **Α)** ΔΥΟ ΛΙΣΤΕΣ ΟΝΟΜΑΤΩΝ σε τετράδιο ή σε ηλεκτρονική μορφή

1) ΖΩΝΤΑΝΗ ΛΙΣΤΑ
2) ΖΩΝΤΑΝΗ ΛΙΣΤΑ ΔΜ

Β) Πολύ μικρό τετράδιο και πολύ μικρή πένα ή μικρό υπολογιστή να τα έχουμε πάντοτε μαζί μας, για σημειώσεις.

ΔΙΚΤΥΑΚΟ ΜΑΡΚΕΤΙΝΓΚ

Στη **ζωντανή μας λίστα** θα γράψουμε όσους γνωρίζουμε, από τους γονείς και αδέρφια μέχρι το τελευταίο άτομο που σκεφτόμαστε.

Ποιος ο λόγος να κάνω αυτή τη λίστα; Ζούμε στην εποχή της πληροφορικής, η επιτυχία μας, σε οποιονδήποτε τομέα και αν ακολουθήσουμε, εξαρτάται πλέον από τα άτομα που γνωρίζουμε και κρατούμε επαφή μαζί τους. Με αυτό τον τρόπο, αφού τους έχουμε γράψει, ψάχνουμε ένα εφικτό τρόπο να κρατάμε επαφή μαζί τους. Πολύ σημαντικό!!! Την έχουμε συνέχεια μαζί μας γιατί όλο και κάποιον θα θυμηθούμε ή γνωρίσουμε στη πορεία. Γι' αυτό και λέγεται και ΖΩΝΤΑΝΗ. Γιατί δεν τελειώνει ποτέ.

Πως τη γεμίζω;

1 χρησιμοποιώ τον "**βοηθητικό πίνακα ζωντανής λίστας**"
2 χρησιμοποιώ τον "**πίνακα επαγγελμάτων**"
3 βάζω στόχο: να προσθέτω 2-5 καινούργια άτομα τη βδομάδα
4 χρησιμοποιώ μέσα για καινούργιες γνωριμίες (γυμναστήρια, σχολεία, μπαράκια, εθελοντισμοί, ευχάριστες ερασιτεχνικές ενασχολήσεις)

ΒΟΗΘΗΤΙΚΟΣ ΠΙΝΑΚΑΣ ΖΩΝΤΑΝΗΣ ΛΙΣΤΑΣ

ΓΟΝΕΙΣ	ΞΑΔΕΡΦΙΑ	ΚΙΝΗΤΟ
ΑΔΕΡΦΙΑ	ΣΤΕΝΟΙ ΦΙΛΟΙ	ΔΙΑΔΙΚΤΥΟ
ΠΑΠΠΟΥΔΕΣ	ΣΥΝΕΡΓΑΤΕΣ*	ΦΙΛΟΙ ΓΟΝΙΩΝ
ΓΙΑΓΙΑΔΕΣ	ΣΥΜΜΑΘΗΤΕΣ	ΦΙΛΟΙ ΣΥΓΓΕΝΩΝ
ΘΕΙΟΙ	ΣΥΜΦΟΙΤΗΤΕΣ	ΦΙΛΟΙ ΦΙΛΩΝ
ΘΕΙΕΣ	ΑΠΟ ΣΤΡΑΤΟ	ΑΛΛΟΙ

* ΣΥΝΕΤΑΙΡΟΙ, ΠΡΟΜΗΘΕΥΤΕΣ/ΠΩΛΗΤΕΣ, ΠΕΛΑΤΕΣ, ΣΥΝΑΔΕΛΦΟΙ, ΣΤΟ ΙΔΙΟ ΑΘΛΗΜΑ/ΗΟΒΒΥ ΚΑΙ ΑΛΛΑ

Παράδειγμα για το πώς θα είναι μια ζωντανή λίστα

ΟΝΟΜΑ	ΕΠΩΝΥΜΟ	ΤΗΛΕΦΩΝΟ	EMAIL	ΑΣΧΟΛΙΑ
Νεόφυτος	Νεοφύτου	999999	theemail@email.com	Κτηνίατρος

Dr Neo

ΠΙΝΑΚΑΣ ΕΠΑΓΓΕΛΜΑΤΩΝ

ΑΘΛΗΤΗΣ	ΔΑΣΟΦΥΛΑΚΑΣ	ΗΘΟΠΟΙΟΣ	ΜΑΙΑ	ΣΕΡΒΙΤΟΡΟΣ
ΑΙΣΘΗΤΙΚΟΣ	ΔΕΡΜΑΤΟΛΟΓΟΣ	ΗΛΕΚΤΡΟΛΟΓΟΣ	ΜΑΝΑΒΗΣ	ΣΚΗΝΟΘΕΤΗΣ
ΑΚΡΟΒΑΤΗΣ	ΔΕΣΜΟΦΥΛΑΚΑΣ	ΗΧΟΛΗΠΤΗΣ	ΜΕΛΙΣΣΟΚΟΜΟΣ	ΣΤΑΘΜΑΡΧΗΣ
ΑΝΑΚΡΙΤΗΣ	ΔΗΜΟΣΙΟΓΡΑΦΟΣ	ΘΕΑΤΡΟΛΟΓΟΣ	ΜΕΛΛΟΝΤΟΛΟΓΟΣ	ΣΤΕΝΟΓΡΑΦΟΣ
ΑΝΑΛΟΓΙΣΤΗΣ	ΔΙΑΔΙΚΤΥΑΚΟΣ ΔΙΑΦΗΜΙΣΤΗΣ	ΘΕΟΛΟΓΟΣ	ΜΕΝΤΙΟΥΜ	ΣΤΙΧΟΥΡΓΟΣ
ΑΝΘΟΠΩΛΗΣ	ΔΙΚΤΥΩΤΗΣ	ΘΥΡΩΡΟΣ	ΜΗΧΑΝΙΚΟΣ-ΜΗΧΑΝΟΛΟΓΟΣ	ΣΥΜΒΟΥΛΟΣ
ΑΡΤΟΠΟΙΟΣ	ΔΙΑΙΤΗΤΗΣ	ΙΑΤΡΙΚΟΣ ΕΠΙΣΚΕΠΤΗΣ	ΜΙΚΡΟΒΙΟΛΟΓΟΣ	ΣΥΝΘΕΤΗΣ
ΑΡΧΑΙΟΛΟΓΟΣ	ΔΙΑΙΤΟΛΟΓΟΣ	ΙΑΤΡΟΣ	ΜΠΑΡΜΑΝ	ΣΦΟΥΓΓΑΡΑΣ
ΑΡΧΙΣΥΝΤΑΚΤΗΣ	ΔΙΑΦΗΜΙΣΤΗΣ	ΙΕΡΕΑΣ	ΜΟΥΣΙΚΟΣ	ΣΧΕΔΙΑΣΤΗΣ
ΑΡΧΙΤΕΚΤΟΝΑΣ	ΔΙΕΥΘΥΝΤΗΣ	ΙΣΤΟΡΙΚΟΣ	ΝΑΥΑΓΟΣΩΣΤΗΣ	ΤΑΜΙΑΣ
ΑΡΩΜΑΤΟ-ΘΕΡΑΠΕΥΤΗΣ	ΔΙΚΑΣΤΗΣ	ΚΑΘΑΡΙΣΤΗΣ ΚΤΙΡΙΩΝ	ΝΑΥΤΗΣ	ΤΑΡΙΧΕΥΤΗΣ
ΑΣΤΡΟΛΟΓΟΣ	ΔΙΚΗΓΟΡΟΣ	ΚΑΛΑΘΟ-ΣΦΑΙΡΙΣΤΗΣ	ΝΕΥΡΟΓΛΩΣΣΙΚΟΣ ΠΡΟΓΡΑΜΜΑ-ΤΙΣΤΗΣ	ΤΑΧΥΔΑΚΤΥΛΟΥΡΓΟΣ
ΑΣΤΡΟΝΑΥΤΗΣ	ΔΙΠΛΩΜΑΤΗΣ	ΚΑΜΑΡΙΕΡΑ/ΗΣ	ΝΟΣΗΛΕΥΤΗΣ	ΤΑΧΥΔΡΟΜΟΣ
ΑΣΤΥΝΟΜΙΚΟΣ	ΕΙΣΑΓΓΕΛΕΑΣ	ΚΑΦΕΤΖΗΣ	ΝΤΕΝΤΕΚΤΙΒ	ΤΕΧΝΙΚΟΣ-ΤΕΧΝΙΤΗΣ
ΑΣΦΑΛΙΣΤΗΣ	ΕΚΔΟΤΗΣ ΒΙΒΛΙΩΝ	ΚΗΠΟΥΡΟΣ	ΞΥΛΟΥΡΓΟΣ	ΤΕΧΝΟΛΟΓΟΣ
ΒΕΛΟΝΙΣΤΗΣ	ΕΚΠΑΙΔΕΥΤΗΣ	ΚΛΕΙΔΑΡΑΣ	ΟΔΗΓΟΣ	ΤΗΛΕΠΑΡΟΥΣΙΑΣΤΗΣ
ΒΙΒΛΙΟΔΕΤΗΣ	ΕΚΤΕΛΩΝΙΣΤΗΣ	ΚΟΙΝΩΝΙΟΛΟΓΟΣ	ΟΔΟΝΤΙΑΤΡΟΣ	ΤΟΡΝΑΔΟΡΟΣ
ΒΙΟΛΟΓΟΣ	ΕΚΤΡΟΦΕΑΣ	ΚΟΡΝΙΖΟΠΟΙΟΣ	ΟΙΚΟΛΟΓΟΣ	ΤΟΥΡΙΣΤΙΚΟΣ ΠΡΑΚΤΟΡΑΣ
ΒΟΣΚΟΣ	ΕΚΦΩΝΗΤΗΣ	ΚΟΣΜΗΜΑΤΟ-ΠΩΛΗΣ	ΟΙΚΟΝΟΜΟΛΟΓΟΣ	ΤΡΑΓΟΥΔΙΣΤΗΣ
ΒΟΤΑΝΟΛΟΓΟΣ	ΕΛΑΙΟ-ΧΡΩΜΑΤΙΣΤΗΣ	ΚΟΥΛΟΥΡΑΣ	ΟΜΟΙΟΠΑΘΗΤΙΚΟΣ	ΥΠΑΛΛΗΛΟΣ
ΒΡΕΦΟΝΗΠΙΟ-ΚΟΜΟΣ	ΕΛΕΓΚΤΗΣ	ΚΡΕΟΠΩΛΗΣ	ΟΠΛΟΥΡΓΟΣ	ΥΔΡΟΒΙΟΛΟΓΟΣ
ΓΕΩΛΟΓΟΣ	ΕΜΠΟΡΑΣ	ΚΤΗΜΑΤΟΜΕΣΙΤΗΣ	ΠΑΙΔΑΓΩΓΟΣ	ΦΑΡΜΑΚΟΠΟΙΟΣ
ΓΕΩΠΟΝΟΣ	ΕΜΠΟΡΑΣ ΖΩΩΝ	ΚΤΗΝΙΑΤΡΟΣ	ΠΑΡΚΑΔΟΡΟΣ	ΦΙΛΟΛΟΓΟΣ
ΓΕΩΤΡΥΠΑΝΙΣΤΗΣ	ΕΜΠΟΡΑΣ ΚΡΕΑΤΩΝ	ΚΤΗΝΟΤΡΟΦΟΣ	ΠΕΡΙΠΤΕΡΑΣ	ΦΥΛΑΚΑΣ
ΓΛΥΠΤΗΣ	ΕΝΕΧΥΡΟΔΑΝΕΙΣΤΗΣ	ΚΤΙΣΤΗΣ	ΠΕΤΟΣΦΑΙΡΙΣΤΗΣ	ΦΥΣΙΚΟΘΕΡΑΠΕΥΤΗΣ-ΚΙΝΗΣΙΟΛΟΓΟΣ
ΓΛΩΣΣΟΛΟΓΟΣ	ΕΝΤΟΜΟΛΟΓΟΣ	ΚΥΒΕΡΝΗΤΙΚΟΣ	ΠΙΛΟΤΟΣ	ΦΩΤΟΜΟΝΤΕΛΟ-ΜΟΝΤΕΛΟ
ΓΡΑΜΜΑΤΕΑΣ	ΕΠΙΘΕΩΡΗΤΗΣ	ΚΥΒΕΡΝΟΑΓΡΟΤΗΣ	ΠΟΔΟΣΦΑΙΡΙΣΤΗΣ	ΧΗΜΙΚΟΣ
ΓΡΑΦΙΣΤΑΣ	ΕΠΙΜΕΛΗΤΗΣ	ΚΥΒΕΡΝΟΠΩΛΗΤΗΣ	ΠΡΟΠΟΝΗΤΗΣ	ΧΟΡΕΥΤΗΣ
ΓΥΜΝΑΣΤΗΣ	ΕΠΙΧΕΙΡΗΜΑΤΙΑΣ	ΛΑΤΟΜΟΣ	ΠΥΡΟΣΒΕΣΤΗΣ	ΧΡΗΜΑΤΟΟΙΚΟΝΟΜΙΚΟΣ ΣΥΜΒΟΥΛΟΣ
ΔΑΣΚΑΛΟΣ	ΕΡΓΑΤΗΣ	ΛΑΧΕΙΟΠΩΛΗΣ	ΠΥΡΟΤΕΧΝΟΥΡΓΟΣ	ΨΑΛΤΗΣ
ΔΑΣΚΑΛΟΣ ΓΙΟΓΚΑ	ΕΣΤΙΑΤΟΡΑΣ	ΛΟΓΟΘΕΡΑΠΕΥΤΗΣ	ΡΑΦΤΗΣ	ΨΑΡΑΣ
ΔΑΣΚΑΛΟΣ ΠΟΛΕΜΙΚΩΝ ΤΕΧΝΩΝ	ΖΩΓΡΑΦΟΣ	ΜΑΓΑΖΑΤΟΡΑΣ	ΡΕΦΛΕΞΟΛΟΓΟΣ	ΨΥΧΙΑΤΡΟΣ
ΔΑΣΟΛΟΓΟΣ	ΖΩΟΛΟΓΟΣ	ΜΑΘΗΜΑΤΙΚΟΣ	ΣΕΝΑΡΙΟΓΡΑΦΟΣ	ΨΥΧΟΛΟΓΟΣ

ΔΙΚΤΥΑΚΟ ΜΑΡΚΕΤΙΝΓΚ

Όσον αφορά την **Λίστα ΔΜ**, γράφουμε τα άτομα που θα θέλαμε να μοιραστούμε μαζί τους τις πληροφορίες. Και αυτή είναι μια **ζωντανή λίστα** γιατί κάθε βδομάδα, όλο και κάποια άτομα θα προσθέσουμε με την βοήθεια της πρώτης μας λίστας. Λόγω του ότι είναι κάτι καινούργιο για εμάς και μπορεί να μην έχουμε το θάρρος ή να μην είμαστε μαθημένοι στις απορρίψεις, ακολουθούμε μια στρατηγική, λέγεται η **στρατηγική των αρχαρίων**.

ΣΤΡΑΤΗΓΙΚΗ ΤΩΝ ΑΡΧΑΡΙΩΝ

Στη **λίστα ΔΜ**, γράφουμε πρώτα γύρω στα 70 άτομα που **νομίζουμε*** πως δεν θα ασχοληθούν καθόλου, άρα ανοίγουμε μια κατηγορία με το όνομα "**ΚΑΘΟΛΟΥ**". Ανοίγουμε και μια κατηγορία με άτομα που **νομίζουμε*** πως θα το κάνουν 100% με το όνομα "**ΣΙΓΟΥΡΟΙ**". Αρχίζουμε να καλούμε από την κατηγορία ΚΑΘΟΛΟΥ. Αυτή η στρατηγική είναι πολύ αποτελεσματική για κάποιον αρχάριο, γιατί τον βοηθάει να δέχεται τις απορρίψεις. Αφού έτσι κι αλλιώς είναι στη κατηγορία ΚΑΘΟΛΟΥ, ποιος ο λόγος τότε να απογοητευτεί κανείς; Απλά εξασκούμε τις ικανότητές μας και κάθε φορά γινόμαστε όλο και καλύτεροι.

Από τους καλεσμένους μας, θα συναντήσουμε τρεις κατηγορίες ατόμων:
1 τους εξυπνάκηδες που κάνουν πως τα ξέρουν όλα,
2 τους απαισιόδοξους που δεν έχουν πίστη στον εαυτό τους και
3 αυτούς που θα ενθουσιαστούν και είτε δεν θα τους ξαναδούμε, είτε θα θέλουν να γίνουν συνεργάτες.

Με την πλέον αλλαγμένη ψυχολογική κατάσταση και εκμάθηση των παρακάτω, με τη σωστή προσέγγιση και με τον σωστό τρόπο επιμόρφωσης του καλεσμένου μας, έχουμε 3-4 στους 10, άρα 30-40% επιτυχία από τα άτομα κατηγορίας ΚΑΘΟΛΟΥ!

*Η λέξη νομίζω στη βιομηχανία του ΔΜ, απαγορεύεται. Δεν είμαι ο αρμόδιος εγώ να κρίνω αν κάνει κάποιος ή όχι. Ο λόγος που θέλω να μοιραστώ την ιδέα είναι για να βοηθήσω το συνάνθρωπο μου και αυτός με τη σειρά του να βοηθήσει γνωστούς του. Αυτός θα αποφασίσει αν θέλει να συνεργαστεί ή όχι. Αυτός θα αποφασίσει αν έχει κάποιο λόγο, το χρήμα, το χρόνο και τη καλή διάθεση να ασχοληθεί. Η δουλειά μου εμένα είναι η επιμόρφωση και κατανόηση του ατόμου αυτού. Άρα δεν θα κρίνω ποιού θα πω και ποιού όχι. Θα τους ενημερώσω όλους! Αλλά ορθά! Στην προκειμένη περίπτωση γίνεται μόνο για να βοηθηθούν οι αρχάριοι και αυτό γίνεται περιορισμένα.

Dr Neo

Παράδειγμα λίστας ΔΜ

ΟΝΟΜΑ	ΕΠΙΘΕΤΟ	ΤΗΛΕΦΩΝΟ	ΠΡΟΣΚΑΛΩ	ΕΚΘΕΤΩ	
Νεόφυτος	Νεοφύτου	999999	20/10/13	22/10/13	√

ΜΕΡΟΣ 2º

ΚΑΘΟΔΗΓΗΣΗ ΤΟΥΣ ΚΑΛΕΣΜΕΝΟΥΣ

ΙΚΑΝΟΤΗΤΑ 3

ΚΑΛΕΣΜΑ (004)

Όταν καλούμε κάποιον με επαγγελματικό τρόπο, θα μας ακούσει καλύτερα, θα συνεχίσει να μας σέβεται και πολύ δύσκολα να πει το ΟΧΙ. Για το σωστό κάλεσμα υπάρχουν τέσσερις κανόνες που πρέπει να τηρήσουμε πιστά.

ΚΑΝΟΝΑΣ 1 Δεν δεσμευόμαστε συναισθηματικά με το αποτέλεσμα (είτε ΝΑΙ είτε ΟΧΙ). Σκοπός μας είναι η εκμάθηση και η κατανόηση του ατόμου που καλούμε. Αυτός θα χάσει αν δεν έρθει. Ο επόμενος...! Αλλά συνεχίζουμε να κρατάμε επαφή μαζί του. Μόνο έτσι θα μπορεί να δει τα αποτελέσματά μας.

ΚΑΝΟΝΑΣ 2 Δεν αλλάζουμε εαυτό. Δεν σημαίνει επειδή πρέπει να τον καλέσουμε, πρέπει να αλλάξουμε τον εαυτό μας. Να είμαστε ο καλύτερος μας εαυτός.

ΚΑΝΟΝΑΣ 3 Δίνουμε αίσθημα. Ο ενθουσιασμός είναι μεταδοτικός. Νιώθουμε ωραία, ακούμε μουσική που μας εμπνέει, τότε, αφού είμαστε έτοιμοι, παίρνουμε τηλέφωνο. Χαμογελάμε όταν μιλάμε από το τηλέφωνο. Είναι επιστημονικά αποδεδειγμένο ότι έρχονται με αυτό τον τρόπο τεράστιες επιτυχίες.

ΚΑΝΟΝΑΣ 4 Να είμαστε σίγουροι για το τι κάνουμε. Να έχουμε δυνατή στάση. Η αυτοπεποίθηση μας θα κερδίσει κάποτε και τους άπιστους της οικογένειας μας.

Για να έχουμε επιτυχία, πρέπει να ακολουθήσουμε αυτά τα βήματα σωστά, ούτως ώστε να πάρουμε τέσσερα 'ΝΑΙ'

ΔΙΚΤΥΑΚΟ ΜΑΡΚΕΤΙΝΓΚ

ΥΠΑΡΧΟΥΝ 8 ΒΗΜΑΤΑ (005)

ΒΗΜΑ 1	ΒΙΑΣΤΙΚΟΣ	
ΒΗΜΑ 2	ΦΙΛΟΦΡΟΝΗΣΗ	
ΒΗΜΑ 3	ΠΡΟΣΚΛΗΣΗ	
ΒΗΜΑ 4	ΕΑΝ ΣΟΥ.... ΘΑ ΤΟ ΕΚΑΝΕΣ;	'ΝΑΙ'
ΒΗΜΑ 5	ΚΑΘΟΡΙΣΜΟΣ ΜΕΡΑΣ ΚΑΙ ΩΡΑΣ	'ΝΑΙ'
ΒΗΜΑ 6	ΕΠΙΒΕΒΑΙΩΣΗ	'ΝΑΙ'
ΒΗΜΑ 7	ΩΡΑ ΕΠΙΚΟΙΝΩΝΙΑΣ ΠΡΙΝ/ΜΕΤΑ	'ΝΑΙ'
ΒΗΜΑ 8	ΒΙΑΖΟΜΑΙ	

ΒΗΜΑ 1 ΒΙΑΣΤΙΚΟΣ (006)

Χρησιμοποιούμε τον τόνο του επείγοντος και του ενθουσιασμού. Ο κόσμος ελκύεται με αυτούς που είναι κρατημένοι συνεχώς.

ΖΕΣΤΟΣ ΚΥΚΛΟΣ 1) Δεν έχω χρόνο να μιλήσουμε, αλλά είναι πολύ σημαντικό αυτό που θα σου πω.

2) Δεν έχω χρόνο αλλά είναι επείγον να σου πω κάτι στα γρήγορα.

ΚΡΥΟΣ ΚΥΚΛΟΣ 1) Τώρα δεν είναι ο χρόνος για να ανοίξω αυτό το θέμα, αλλά....

ΒΗΜΑ 2 ΦΙΛΟΦΡΟΝΗΣΗ (007)

Πάντα προκαλούμε στα άτομα μας, με την αγνή και ειλικρινή φιλοφρόνηση μας προς αυτούς, καλή διάθεση. ΑΠΟΔΕΔΕΙΓΜΕΝΟ ότι δουλεύει.

ΖΕΣΤΟΣ ΚΥΚΛΟΣ 1) Είσαι πολύ πετυχημένος και πάντα σε θαύμαζα για τον τρόπο που δουλεύεις.

2) Πάντα με υποστήριζες και το εκτιμώ αφάνταστα.

3) Από τον καιρό που σε γνώρισα, είσαι ο καλύτερος στον τομέα σου.

4) Θαυμάζω την ειλικρίνεια σου....

5) Θαυμάζω τον δυναμικό σου χαρακτήρα...

Dr Neo

ΚΡΥΟΣ ΚΥΚΛΟΣ 1) Είσαι πολύ έξυπνος και πιστεύω πως θα ήθελα να ήσουν από τους πρώτους που θα σου έλεγα για αυτό . . .

2) Μου πρόσφερες τις καλύτερες υπηρεσίες που είχα μέχρι τώρα . . .

ΒΗΜΑ 3 ΠΡΟΣΚΛΗΣΗ (008)

Θα πρέπει να αποκτήσουμε την ικανότητα να ξέρουμε ποιό από τα τρία είδη προσέγγισης να χρησιμοποιήσουμε σε κάθε άτομο που καλούμε.

Α) ΑΜΕΣΗ Όταν καλούμε το άτομο μας άμεσα για να μοιραστούμε την ιδέα.

ΖΕΣΤΟΣ ΚΥΚΛΟΣ 1) Όταν μου είπες πως θέλεις να αλλάξεις (δουλειά, περιβάλλον, ζωή) σου, με κορόιδευες ή το έλεγες στα σοβαρά; Τέλεια!!! Νομίζω πως βρήκα τη λύση και για τους 2 μας.

2) Νομίζω πως βρήκα τον τρόπο να δημιουργήσουμε συνεχόμενη ροή χρημάτων

3) Βρήκα τρόπο να αρχίσουμε μια επιχείρηση χωρίς κανένα ρίσκο και με μηδαμινό ποσό.

4) Εάν υπήρχε τρόπος να αντικαθιστούσες το εισόδημα που παίρνεις τώρα με μια μερικής απασχόλησης εργασία, θα σε ενδιέφερε;

ΚΡΥΟΣ ΚΥΚΛΟΣ 1) Έχεις σκεφτεί ποτέ να αυξήσεις το εισόδημα σου; Έχω κάτι που θα μπορούσε να σε ενδιαφέρει

2) Είσαι ανοιχτός σε καινούργιες ιδέες και προτάσεις;

3) Προγραμματίζεις να κάνεις, ότι κάνεις τώρα για την υπόλοιπη σου τη ζωή;

Β) ΕΜΜΕΣΗ Ζητούμε από τον καλεσμένο μας βοήθεια και καθοδήγηση. Τον καλούμε έμμεσα.

ΖΕΣΤΟΣ ΚΥΚΛΟΣ 1) Άρχισα μια καινούργια επιχείρηση και χρειάζομαι καθοδήγηση από κάποιο έμπειρο μυαλό.

ΔΙΚΤΥΑΚΟ ΜΑΡΚΕΤΙΝΓΚ

2) **Εάν είναι σε άλλη πόλη:** η επιχείρηση που ασχολούμαι εδώ και λίγο καιρό, εξαπλώνεται στη πόλη σου. Θα μπορούσες να μου κάνεις μια χάρη και να ψάξεις, να δεις αν πραγματικά αυτή η ιδέα θα δουλέψει εκεί;

ΚΡΥΟΣ ΚΥΚΛΟΣ 1) Άρχισα μια καινούργια επιχείρηση με ένα προϊόν που έχει τεράστια λογική. Το μόνο που ζητώ είναι τη γνώμη σου και για το προϊόν αλλά και για την επιχειρηματική ευκαιρία που μας δίνεται. *(εγώ προσωπικά το χρησιμοποιώ πολύ αυτό και δουλεύει)*

Γ) SUPER ΕΜΜΕΣΗ Ζητούμε από το άτομο μας, αν έχει υπόψη του άτομα που μπορεί να τους ενδιαφέρει. Δεν τον χειριζόμαστε σαν πιθανόν συνεργάτη.

ΖΕΣΤΟΣ ΚΥΚΛΟΣ 1) Η επιχείρηση που άρχισα μπορεί να μην είναι για σένα. Αλλά θα ήθελα να σε ρωτήσω, αφού την κατανοήσεις, κατά πόσο θα ήξερες κάποιον αισιόδοξο, που να έχει όρεξη και να διψά για μιαν επιπρόσθετη συνεχώς αυξανόμενη ροή χρημάτων.

2) Ποιον γνωρίζεις που θα του άρεσε να δουλεύει από το σπίτι και να έχει ένα επιπρόσθετο συνεχώς αυξανόμενο εισόδημα;

ΚΡΥΟΣ ΚΥΚΛΟΣ 1) Το ίδιο

ΒΗΜΑ 4 ΕΑΝ ΣΟΥ .... ΘΑ ΤΟ ΕΚΑΝΕΣ; (009)

Του δίνουμε κάτι με αξία, άρα περιμένουμε ανταλλαγή με την ώρα που θα αφιερώσει σε αυτό.

Εάν σου έδινα ένα CD, DVD, περιοδικό, θα το μελετούσες;

Εάν σου έδινα μια πρόσκληση, θα θυσίαζες κάποιο χρόνο να παρευρεθείς;

Αυτή είναι μια πολύ δυναμική ερώτηση για δύο λόγους:

1 Είναι ανταποδοτικό: λέμε πως θα κάνουμε κάτι εάν κάνουν και αυτοί
2 Συνεπάγεται ότι έχουμε κάτι που έχει αξία.

Dr Νeo

Ακολουθά μία από τις 3 απαντήσεις:

Εάν είναι:

ΝΑΙ Τότε πάμε απευθείας στο βήμα 5 **(ΠΗΡΑΜΕ ΤΟ 1° 'ΝΑΙ')**

ΟΧΙ Τότε τους ευχαριστούμε για τον χρόνο τους και φεύγουμε. ΔΕΝ ΔΙΝΟΥΜΕ ΤΟ ΥΛΙΚΟ Ή ΤΗΝ ΠΡΟΣΚΛΗΣΗ, ΑΛΛΑ ΕΙΜΑΣΤΕ ΣΕ ΕΠΑΦΗ ΣΥΝΕΧΩΣ ΓΙΑ ΝΑ ΔΟΥΝ ΤΑ ΑΠΟΤΕΛΕΣΜΑΤΑ ΟΤΑΝ ΕΡΘΟΥΝ.

ΠΛΗΡΟΦΟΡΙΕΣ Καταλαβαίνω πως θέλεις να μάθεις περισσότερα, αλλά όσα ζητάς να ξέρεις, τα καλύπτει το σεμινάριο, περιοδικό, CD, DVD, ο ειδικός. Άρα ο συντομότερος τρόπος είναι να δεσμευτείς μέρα και ώρα. Τώρα θα δεσμευόσουν εάν σου έδινα (περιοδικό, CD, DVD, πρόσκληση);

ΒΗΜΑ 5 ΚΑΘΟΡΙΖΟΥΜΕ ΤΗΝ ΜΕΡΑ (010)

Πότε νομίζεις θα ήταν για σένα. . . . . στα σίγουρα?

Υλικό Πότε νομίζεις θα ήταν για σένα η καταλληλότερη μέρα να το (δεις, διαβάσεις, ακούσεις) στα σίγουρα;

Με τον ειδικό Πότε νομίζεις θα ήταν για σένα η καταλληλότερη μέρα να βρεθούμε για ένα καφεδάκι και να το δούμε μαζί μέσω κάποιο φίλου ο οποίος είναι ο καταλληλότερος να μας το ερμηνεύσει;

Σεμινάριο Θα προτιμούσες να βρεθούμε σε σταθερό σεμινάριο που γίνεται κάθε . . . . Και ώρα . . . . Στο . . . .;

Εδώ στην απάντηση του, **ΠΗΡΑΜΕ ΤΟ 2° 'ΝΑΙ'**

Στο βήμα 5 υπάρχει πιθανότητα να μας απαντήσουν, 'κάποτε θα το δω'. Τότε ανταποκρινόμαστε: 'άκου, δεν θέλω να τρώω τον χρόνο σου αλλά ούτε και τον ΔΙΚΟ ΜΟΥ. Γιατί να μην ορίσουμε από τώρα ημερομηνία που θα (βρεθούμε, το δεις, διαβάσεις, ακούσεις) στα σίγουρα;' Επιμένουμε γιατί μας έχει πει το 1° ΝΑΙ πριν.

ΒΗΜΑ 6 ΕΠΙΒΕΒΑΙΩΣΗ ΤΗΣ ΜΕΡΑΣ (011)

Εάν σε έπαιρνα τηλέφωνο την . . . . α ήταν εντάξει;

Ας υποθέσουμε ότι μας είπε Τρίτη . . . .

ΔΙΚΤΥΑΚΟ ΜΑΡΚΕΤΙΝΓΚ

Υλικό   Ωραία!!! Εάν σε έπαιρνα λοιπόν τηλέφωνο την Τετάρτη πρωί, θα το είχες δει στα σίγουρα;

Σεμινάριο/παρουσίαση Ωραία!!! Εάν σε έπαιρνα λοιπόν τηλέφωνο <u>για επιβεβαίωση της συνάντησης</u> μας την Τρίτη θα είναι ΟΚ;

Εδώ η απάντηση του, **ΜΑΣ ΔΙΝΕΙ ΤΟ 3ο 'ΝΑΙ'!**

ΒΗΜΑ 7 ΕΠΙΒΕΒΑΙΩΣΗ ΤΗΣ ΩΡΑΣ (012)

Εάν δώσουμε υλικό, καθορίζουμε την ώρα μετά που θα το δει. Εάν είναι παρουσίαση, καθορίζουμε την ώρα πριν την παρουσίαση που θα πάρουμε για επιβεβαίωση.

Υλικό ή Σεμινάριο/παρουσίαση Ποιος θα ήταν ο καταλληλότερος αριθμός και ώρα που θα μπορούσα να σου τηλεφωνήσω....

Για συνάντηση σε μεγάλη παρουσίαση, πιο φρόνιμο είναι να περάσουμε να πάρουμε εμείς τον καλεσμένο μας και να είμαστε εκεί τουλάχιστον 15-20 λεπτά πριν την παρουσίαση.

ΜΑΣ ΔΙΝΕΙ ΤΟ 4ο 'ΝΑΙ'!

ΒΗΜΑ 8 ΒΙΑΖΟΜΑΙ (013)

Τέλεια! Οκ! Σε παίρνω τότε! Πρέπει να (κλείσω, φύγω) τώρα. Τα λέμε!

Τώρα πραγματικά το 80% θα ανταποκριθεί και στην πράξη!

ΟΛΙΚΟ ΠΑΡΑΔΕΙΓΜΑ ΚΑΛΕΣΜΑΤΟΣ (014)

Α) ΚΑΠΟΙΟΝ ΠΟΥ ΞΕΡΟΥΜΕ ΚΑΙ ΘΕΛΕΙ ΝΑ ΑΛΛΑΞΕΙ ΚΑΤΙ ΣΤΗ ΖΩΗ ΤΟΥ

ΠΡΟΣΕΓΓΙΣΗ ΑΜΕΣΗ

1 'Έλα! Δεν έχω και πολύ χρόνο αλλά σε πήρα'

2 'Άκου, πάντα με υποστήριζες και το εκτιμώ αφάνταστα!!! Ήρθε η ώρα να σου το ανταποδώσω'

3 'Όταν μου είπες πως θέλεις να αλλάξεις τη ζωή σου, με κορόιδευες ή το έλεγες στα σοβαρά;' (σοβαρά)

4   'Εάν σου έδινα μια πρόσκληση θα αφιέρωνες λίγο χρόνο να παραβρεθούμε;' **(1° ΝΑΙ)**

5   'Πότε θα σε βόλευε να προγραμματίσουμε από τώρα μέρα και ώρα για καφεδάκι μαζί με ένα φίλο που είναι ο καταλληλότερος να μας εξηγήσει σωστά;' **(2° ΝΑΙ)**

6   'Τέλεια! Εάν σε πάρω την . . . (μέρα) τηλέφωνο για επιβεβαίωση, είναι εντάξει;' **(3° ΝΑΙ)**

7   'Ο καταλληλότερος αριθμός και ώρα που θα σε πάρω;' **(4° ΝΑΙ)**

8   'ΟΚ! Σε παίρνω τότε!!! Πρέπει να κλείσω τώρα! Τα λέμε!'

Β) ΕΝΑΝ ΚΑΛΟ ΦΙΛΟ
ΠΡΟΣΕΓΓΙΣΗ ΕΜΜΕΣΗ

1   ''Έλα δεν έχω χρόνο αλλά πρέπει να σου πω κάτι στα βιαστικά . . . . έχεις ένα δευτερόλεπτο;' 'Τέλεια! Άκου!'

2   'Από τον καιρό που σε ξέρω, είσαι ο καλύτερος στον τομέα σου και τέλειος χαρακτήρας, γι' αυτό σε σέβομαι αφάνταστα.'

3   ''Ένας φίλος μου είπε κάποτε, όταν αρχίσεις κάτι, το καλύτερο πράγμα για να προχωρήσεις σωστά, είναι να έχεις άτομα που σέβεσαι, να σε καθοδηγούν. Θα το έκανες αυτό για μένα εάν σε βοηθούσα να το κατανοήσεις σωστά αυτό το κάτι;'

4   'Εάν σου έδινα μια πρόσκληση θα αφιέρωνες λίγο χρόνο να παραβρεθούμε;'
    (1ο ΝΑΙ)

5   'Πότε θα σε βόλευε να προγραμματίσουμε από τώρα μέρα και ώρα για καφεδάκι μαζί με ένα φίλο που είναι ο καταλληλότερος να μας εξηγήσει σωστά;'
    (2Ο ΝΑΙ)

6   'Τέλεια! Εάν σε πάρω την . . . (μέρα) τηλέφωνο για επιβεβαίωση, είναι εντάξει;'
    (3ο ΝΑΙ)

7   'Ο καταλληλότερος αριθμός και ώρα που θα σε πάρω;'
    (4ο ΝΑΙ)

8   'ΟΚ! Σε παίρνω τότε!!! Πρέπει να κλείσω τώρα! Τα λέμε!'

Γ) ΕΝΑΝ ΠΟΛΥ ΠΕΤΥΧΗΜΕΝΟ
ΠΡΟΣΕΓΓΙΣΗ SUPER ΕΜΜΕΣΗ

1   'Το ξέρω πως είσαι πολυάσχολος και έχω και εγώ 1 εκατομμύριο πράγματα να τρέξω, αλλά χαίρομαι που σε βρήκα. Έχεις ένα δευτερόλεπτο;'

ΔΙΚΤΥΑΚΟ ΜΑΡΚΕΤΙΝΓΚ

2   'Είσαι πολύ πετυχημένος και πάντα σε θαύμαζα για τον τρόπο που δουλεύεις.'

3   'Έχω αρχίσει κάτι καινούργιο και ψάχνω έξυπνα άτομα να συνεργαστούμε.' Μπορεί να μην κάνει για σένα, αλλά ήθελα να σε ρωτήσω αν γνωρίζεις από τα άτομα σου, κάποιον αισιόδοξο, που ενθουσιάζεται με την ιδέα πως θα βάλει περισσότερη ροή χρημάτων στη ζωή του . . . Καταλαβαίνω πως θα θες να μάθεις περισσότερα για αυτό, ούτως ώστε να μπορείς να μου συστήσεις κάποιον . . .'

4   'Εάν σου έδινα μια πρόσκληση θα αφιέρωνες λίγο χρόνο να παραβρεθούμε;'
(1° ΝΑΙ)

5   'Πότε θα σε βόλευε να προγραμματίσουμε από τώρα μέρα και ώρα για καφεδάκι μαζί με ένα φίλο που είναι ο καταλληλότερος να μας εξηγήσει σωστά;'
(2° ΝΑΙ)

6   'Τέλεια! Εάν σε πάρω την . . . (μέρα) τηλέφωνο για επιβεβαίωση, είναι εντάξει;'
(3° ΝΑΙ)

7   'Ο καταλληλότερος αριθμός και ώρα που θα σε πάρω;'
(4° ΝΑΙ)

8   'ΟΚ! Σε παίρνω τότε!!! Πρέπει να κλείσω τώρα! Τα λέμε!'

Δ) ΚΡΥΟΣ ΚΥΚΛΟΣ
ΠΡΟΣΕΓΓΙΣΗ ΑΜΕΣΗ

1   'Τώρα δεν είναι ο κατάλληλος χρόνος και πραγματικά πρέπει να φύγω . . .'

2   'Αλλά είσαι πανέξυπνος και γυρεύω τέτοια άτομα.'

3   'Σκοπεύεις να συνεχίσεις να κάνεις ότι κάνεις για την υπόλοιπη σου καριέρα;' Τέλεια!!!! Έχω κάτι που θα μπορούσε να σε ενδιαφέρει, τώρα δεν είναι η ώρα να σου το εξηγήσω, αλλά θα μπορούσαμε να κανονίσουμε κάτι μαζί.'

4   'Εάν σου έδινα μια πρόσκληση θα αφιέρωνες λίγο χρόνο να παραβρεθούμε;'
(1° ΝΑΙ)

5   'Πότε θα σε βόλευε να προγραμματίσουμε από τώρα μέρα και ώρα για καφεδάκι μαζί με ένα φίλο που είναι ο καταλληλότερος να μας εξηγήσει σωστά;'
(2° ΝΑΙ)

Dr Neo

6 'Τέλεια! Εάν σε πάρω την . . . (μέρα) τηλέφωνο για επιβεβαίωση, είναι εντάξει;'
(3° ΝΑΙ)

7 'Ο καταλληλότερος αριθμός και ώρα που θα σε πάρω;'
(4° ΝΑΙ)

8 'ΟΚ! Σε παίρνω τότε!!! Πρέπει να κλείσω τώρα! Τα λέμε!'

ΙΚΑΝΟΤΗΤΑ 4

ΠΑΡΟΥΣΙΑΣΗ (015)

ΠΡΙΝ ΤΗΝ ΠΑΡΟΥΣΙΑΣΗ Όσο επαγγελματίες ή αρχάριοι και να είμαστε, το πιο σωστό είναι, στα άτομα που καλούμε εμείς οι ίδιοι, να υπάρχει τρίτο άτομο για παρουσιαστής (ειδικός) και να τον συστήνουμε με τρομερή εξύψωση στον καλεσμένο μας. Επίσης εξυψώνουμε και τον καλεσμένο μας προς τον παρουσιαστή. Εάν είναι υλικά, τότε εξυψώνουμε τον ομιλητή ή τον συγγραφέα. Πάντα να είμαστε πριν την ώρα μας και κατάλληλα ντυμένοι. Και πάντα ο εαυτός μας. Είμαστε ο σύμβουλος τους, οποιαδήποτε ερώτηση αντιμετωπίσουμε, τους απαντάμε πίσω με ερώτηση. Δεν είμαστε εδώ για εμάς. Είμαστε γι' αυτούς, γι' αυτό τους κάνουμε συνέχεια εμείς ερωτήσεις.

ΚΑΤΑ ΤΗ ΔΙΑΡΚΕΙΑ ΤΗΣ ΠΑΡΟΥΣΙΑΣΗΣ Όταν είμαστε παρόντες στην παρουσίαση, τότε δεν μιλάμε, δεν κοιτάμε γύρω μας, κλείνουμε το κινητό. Είμαστε προσηλωμένοι λες και το βλέπουμε για πρώτη φορά. Ο καλεσμένος μας, μας βλέπει και αντιγράφει.

Δεν είναι καλύτερα να είμαστε εμείς οι ειδικοί προς τους καλεσμένους μας;
Όχι για 3 λόγους:

ΛΟΓΟΣ 1 Όσο καλοί και να είμαστε, πάντα υπάρχουν ερωτήσεις, που αν τις απαντάμε εμείς, δεν θα είναι πειστικές.

ΛΟΓΟΣ 2 Ο καλεσμένος, μας ξέρει έξω από την ιδέα, δεν γνωρίζει τις επιτυχίες μας μέσα στην ιδέα, άρα δεν θα μας λάβει σοβαρά υπόψη του, όσο και να μας σέβεται σε άλλους τομείς.

ΔΙΚΤΥΑΚΟ ΜΑΡΚΕΤΙΝΓΚ

ΛΟΓΟΣ 3 Υπάρχουν άτομα που δεν τους αρέσει ή δεν μπορούν να κάνουν παρουσίαση, αλλά στην πορεία να είναι οι καλύτεροι δικτυωτές. Εάν είναι καλεσμένοι μας και κάνουμε εμείς την παρουσίαση χωρίς να υπάρχει ο ειδικός (που μπορεί να την κάνουμε και τέλεια . . .), τις περισσότερες φορές δεν υπάρχει σωστή αντιγραφή, άρα δεν θα υπάρξει σωστή αναπαραγωγή. Υπάρχουν περιπτώσεις που ακόμη και οι καλεσμένοι μας, δεν θα θέλουν να γίνουν μέλος γιατί θα νομίζουν πως θα πρέπει να κάνουν το ίδιο.

Τότε τι πρέπει να γνωρίζουμε εμείς;

1 Να ξέρουμε να λέμε την ιστορία μας σε 30 δευτερόλεπτα.

Α) Ποιοι είμαστε

Β) Τα πράγματα που δεν πήγαν καλά για μας (χρόνος, χρήμα, επικοινωνία)

Γ) Πως ήρθε στη ζωή μας το ΔΜ

Δ) Τα αποτελέσματα μας, ή αν δεν έχουμε ακόμη, οι προσδοκίες μας στο μέλλον μέσω της ιδέας, σε μια εργασία μερικής απασχόλησης.

2 Η σκέψη μας είναι εστιασμένη στη μόρφωση του καλεσμένου μας. Άρα πάντα θα τον αντιμετωπίζουμε σαν σύμβουλοι που τον φέρνουμε σε επαφή με: υλικά, σεμινάρια, συναντήσεις, άλλους αντιπροσώπους, ούτως ώστε να έχει την ορθή κατανόηση και επιμόρφωση.

3 Όταν έρθει η ώρα, αφού δημιουργήσουμε τον δικό μας οργανισμό, τότε με την βοήθεια ειδικού και με πολλές επαναλήψεις, θα μπορούμε να ανέβουμε στο επίπεδο του παρουσιαστή.

4 Με την ανάπτυξη του οργανισμού μας, αφού θα έρθει η ώρα, μπορούμε να γίνουμε ομιλητές και εκπαιδευτές με την σωστή καθοδήγηση ειδικών.

Τι πρέπει να περιέχει η παρουσίαση;

ΒΗΜΑ 1 Να καταλάβει ο καλεσμένος τα ωφελήματα του lifestyle μέσω της ιδέας.

ΒΗΜΑ 2 Να καταλάβει ο καλεσμένος ότι αυτό μπορεί να το πετύχει μόνο μέσω του ΔΜ.

ΒΗΜΑ 3 Περιγραφή γιατί η εταιρεία αυτή είναι η καλύτερη για τον καλεσμένο μας.

ΒΗΜΑ 4 Επεξήγηση του προϊόντος και επιχειρηματικού πλάνου.

Dr Neo

ΒΗΜΑ 5 Τα υφιστάμενα μέλη να διηγηθούν 30 δευτερόλεπτα την ιστορία τους μέσω της ιδέας.

ΒΗΜΑ 6 Να αποδείξουμε πόσο έξυπνο και εύκολο είναι να αρχίσει κάποιος τώρα.

ΙΚΑΝΟΤΗΤΑ 5

ΕΝΗΜΕΡΩΣΗ (016)

Πολλοί έχουν παρεξηγήσει τον τρόπο που χειρίζονται τα άτομά τους στη βιομηχανία του ΔΜ. Προσπαθούν με την πρώτη συνάντηση να βάλουν τα άτομα τους στο σύστημα και καταντούν πιεστικοί. Γι αυτό και ο περισσότερος κόσμος είναι πλέον επιφυλακτικός ή ακόμη και αρνητικός.

Η ουσία είναι να κλείσουμε όσες συναντήσεις χρειάζονται, ούτως ώστε ο καλεσμένος μας να κατανοήσει και να επιμορφωθεί σωστά σ' αυτό που είδε. Μέσο όρο παίρνει 4-6 συναντήσεις. Με αυτόν τον τρόπο δημιουργούμε ένα καλύτερο δεσμό με τον πιθανό μας συνεργάτη.

Αμέσως μετά την παρουσίαση κάνουμε 2 πολύ σημαντικές ερωτήσεις.

Ερώτηση 1: ποιο από τα 2 σου άρεσε περισσότερο; Το προϊόν ή η επιχειρηματική ευκαιρία, ή και τα 2; Απαγορεύεται η ερώτηση 'πως σου φάνηκε;' Με αυτή την ερώτηση τον βάζουμε σε θέση δικαστή και φέρει γνώμη. Ενώ με την σωστή ερώτηση πρέπει να μας δώσει μιαν από τις 3 θετικές επιλογές. Να θυμόμαστε την απάντηση.

Ερώτηση 2: σε κλίμακα 1-10, έχοντας το 1 ως μηδαμινό ενδιαφέρον, που το βάζεις;

ΑΠΑΝΤΗΣΗ	ΔΡΑΣΗ
ΚΛΙΜΑΚΑ 1	"Ευχαριστώ για τον χρόνο σου..." συνεχίζουμε την πορεία μας, όμως θα είμαστε σε επαφή μαζί του
ΚΛΙΜΑΚΑ 2-8	"Πως θα μπορούσα να σε βοηθήσω να ανέβεις κλίμακα;" εάν υπάρχει 3º άτομο για ειδικός τότε: **Για οποιεσδήποτε ερωτήσεις, θα απαντά ο ειδικός, άσχετο ότι τις γνωρίζουμε και εμείς. Και να μην επεμβαίνουμε έστω και αν είπε κάτι λάθος.**
ΚΛΙΜΑΚΑ 9-10	Προχωράμε στο ΚΛΕΙΣΙΜΟ (ΙΚΑΝΟΤΗΤΑ 6)

ΔΙΚΤΥΑΚΟ ΜΑΡΚΕΤΙΝΓΚ

ΕΡΩΤΗΣΕΙΣ-ΑΝΤΙΡΡΗΣΕΙΣ (017)

Τις χωρίζουμε σε 2 κατηγορίες

ΚΑΤΗΓΟΡΙΑ 1

ΠΕΡΙΟΡΙΣΜΕΝΑ ΠΙΣΤΕΥΩ ΓΙΑ ΤΙΣ ΙΚΑΝΟΤΗΤΕΣ ΤΟΥΣ

Δεν έχω το χρήμα τώρα για να ασχοληθώ	Δεν έχω το χρόνο τώρα για να ασχοληθώ
Δεν είναι για μένα	Δεν είμαι πωλητής
Δεν κατέχω το θέμα	Δεν έχω κύκλο
Είμαι πολύ μεγάλος/μικρός	

ΚΑΤΗΓΟΡΙΑ 2

ΠΕΡΙΟΡΙΣΜΕΝΑ ΠΙΣΤΕΥΩ ΓΙΑ ΤΟ ΔΜ

Είναι ΔΜ; / Είναι ένα από αυτά;	Είναι πυραμίδα;
Δεν με ενδιαφέρει το ΔΜ	Δεν θέλω να ενοχλώ τους φίλους μου
Πληρώνονται αυτοί που το κάνουν πρώτοι	Πόσα κάνεις εσύ;

Οι απαντήσεις που πρέπει να δίνουμε, είναι ως συνήθως οι ιστορίες μας ή παραπλήσιες ιστορίες άλλων ανεξαρτήτων αντιπροσώπων φίλων μας, αναλόγως με την ερώτηση. Και πάντα με ειλικρίνεια. Χρησιμοποιούμε τη συναισθηματική φόρμουλα Νιώθω/'Ενιωσα/Βρήκα. 'Σε Νιώθω απόλυτα.... Το Ένιωσα και εγώ.... Βρήκα τον τρόπο'

Ποτέ μας δεν απαντάμε απευθείας, δεν θέλουμε να φέρουμε σε δύσκολη θέση τον καλεσμένο μας. Πάντα να θυμόμαστε ότι εμείς είμαστε απλά ο αγγελιοφόρος, ο σύμβουλος, είμαστε αυτοί που θα βοηθήσουμε τα άτομα μας να το καταλάβουν και να μορφωθούν, ούτως ώστε να πάρουν την απόφαση που θέλουν αυτοί άφοβα.

ΠΑΡΑΔΕΙΓΜΑΤΑ

<u>**Δεν έχω το χρήμα τώρα για να ασχοληθώ**</u> **'Σε νιώθω** απόλυτα γιατί κι εγώ (ή ο φίλος/η μου) είχα ακριβώς την ίδια πρόκληση. **Έτσι ένιωθα** και εγώ όταν δεν είχα αρκετά χρήματα να συντηρήσω την οικογένεια μου, σκέψου να άρχιζα και κάτι καινούργιο ... **Αλλά όταν το ξανασκέφτηκα,**

εάν δεν είχα αρκετά χρήματα τώρα για τις υποχρεώσεις μου . . . πως θα μπορούσα να το άλλαζα αυτό στο μέλλον; **Κουράστηκα** να χρωστώ, κουράστηκα να είμαι απογοητευμένος χρηματοοικονομικά . . . **Ξέρεις τι έκανα; Βρήκα τον τρόπο και είναι η καλύτερη απόφαση που είχα μέχρι τώρα!!! Να σε ρωτήσω κάτι . . . εάν αυτό που μόλις είχες δει, είναι η ευκαιρία σου να αλλάξεις τη ζωή σου, νομίζεις πως θα έβρισκες τον τρόπο;'**

Δεν έχω χρόνο . . . 'Σε νιώθω απόλυτα γιατί κι εγώ (ή ο φίλος/η μου) είχα ακριβώς την ίδια πρόκληση. Ένιωθα κι εγώ το ίδιο όταν δεν είχα αρκετό χρόνο να ασχοληθώ και με κάτι καινούργιο. Δουλεύω 14-17 ώρες τη μέρα, πολλές φορές δεν βλέπω τα μωρά μου, ανταλλάσω χρόνο με χρήμα και το ωραίο είναι ότι μία μέρα να μη δουλέψω, δεν θα έχω εισόδημα στο σπίτι . . . **αλλά, μετά όταν το ξανασκέφτηκα,** εάν δεν είχα τώρα τον χρόνο να βλέπω την οικογένεια μου, ή εάν δεν δημιουργήσω τώρα κάποιο παθητικό εισόδημα, πως θα το άλλαζα αυτό στο μέλλον. **Κουράστηκα** να αφιερώνω τα καλύτερα χρόνια που θα μπορούσα να περάσω με τα μωρά μου, στη δουλειά και με αβέβαιο χρηματοοικονομικό μέλλον . . . **Ξέρεις τι έκανα; Βρήκα τον τρόπο και είναι η καλύτερη απόφαση που είχα μέχρι τώρα!!! Να σε ρωτήσω κάτι . . . εάν αυτό που μόλις είχες δει, είναι η ευκαιρία σου να αλλάξεις τη ζωή σου, νομίζεις πως θα έβρισκες τον τρόπο;'**

Είναι πυραμίδα: / δεν με ενδιαφέρει το ΔΜ 'Χμμ! Έχεις ιστορία βλέπω!! Πες μου, τι έγινε; (τον αφήνουμε να ανοιχτεί) μετά . . . **Ποιος νομίζεις είναι ο λόγος που δεν έφερες τα αποτελέσματα που ήθελες;'** Μετά την απάντηση του . . . **'Νομίζεις πως το ΔΜ δεν είναι κατάλληλο ή απλά δεν ήταν ο κατάλληλος χρόνος και η κατάλληλη μόρφωση που θα έπρεπε να πάρεις για να ασχοληθείς;'**

Δεν θέλω να ενοχλώ τους φίλους μου Τους λέμε την ιστορία μας ή κάποιου άλλου, μετά ρωτάμε . . . **'τι σε κάνει να νομίζεις ότι τους ενοχλείς;'** Πάντα σε κάθε μας ερώτηση, περιμένουμε να απαντήσει. Δεν ανοίγουμε το στόμα μας, εάν δεν αρχίσει και τελειώσει! Μετά . . . **'εάν το προϊόν/υπηρεσία, πραγματικά σε βοηθάει, δεν θα ήθελες να το μοιραστείς με τους δικούς σου και αυτοί με τη σειρά τους να βοηθήσουν άλλους;'** Μετά . . . **'Εάν σου έδειχνα τον τρόπο να μοιραστείς την ιδέα με τους φίλους σου, χωρίς να ακούγεσαι πωλητής, θα σε βοηθούσε αυτό;'**

Πόσα κερδίζεις: Η απάντηση μας εξαρτάται, πόσο καιρό είμαστε στην ιδέα. Οι καινούργιοι . . . **'Μόλις έχω αρχίσει και είμαι πολύ ενθουσιασμένος για το μέλλον μου γιατί αν δεν έπαιρνα την απόφαση, δεν θα άλλαζε τίποτα από τη ζωή μου.'** Εάν είμαστε μέσα λίγο καιρό και δεν έχουμε τα επιθυμητά αποτελέσματα, **'Το δουλεύω με μερική απασχόληση και τα αποτελέσματα στην αρχή έρχονται σιγά**

ΔΙΚΤΥΑΚΟ ΜΑΡΚΕΤΙΝΓΚ

σιγά. Αλλά έμαθα τόσα πολλά και θα συνεχίσω να μαθαίνω και να επενδύω στον εαυτό μου για ένα πολύ πιο καλό μέλλον. Εάν δεν έπαιρνα την απόφαση, δεν θα άλλαζε τίποτα από τη ζωή μου.'

Λέμε ιστορίες άλλων και τους παίρνουμε τηλέφωνο να μιλήσουν αν μπορούν. Μετά απαντάμε... 'Αλλά δεν είμαστε εδώ για μένα. Είμαστε για σένα. Το ερώτημα είναι... ΕΣΥ πόσα θες να κερδίσεις;'

Εάν είναι έτοιμος, προχωράμε στο επόμενο βήμα (ΙΚΑΝΟΤΗΤΑ 6, ΚΛΕΙΣΙΜΟ), εάν όχι, ορίζουμε μέρα και ώρα μέσα στις επόμενες 1-3 μέρες για την επόμενη μας συνάντηση.

ΙΚΑΝΟΤΗΤΑ 6

ΚΛΕΙΣΙΜΟ (018)

Όταν πραγματικά είναι έτοιμος γιατί του απαντήθηκαν όλες οι απορίες και έχει επιμορφωθεί γενικά με την ιδέα, σε αυτή την ικανότητα, θα πρέπει να μάθουμε πέντε σημαντικές ερωτήσεις οι οποίες, μαζί με την στάση μας, θα οδηγήσουν τον καλεσμένο μας να πάρει την σωστή απόφαση για αυτόν/ην.

Παίρνουμε πέννα και γράφουμε τις απαντήσεις του καλεσμένου μας.

ΕΡΩΤΗΣΗ

1 'Με βάση όσα έχεις μάθει ως τώρα, εάν ήταν να αρχίσεις με αυτήν την ιδέα PART-TIME, περίπου πόσα θα ήθελες να παίρνεις το μήνα, ούτως ώστε να άξιζε τον χρόνο που θα αφιερώσεις;'

2 'ΓΙΑΤΙ θες αυτό το ποσό;' (ΣΤΟΧΟΣ / ΩΦΕΛΗΜΑΤΑ)

3 'Περίπου πόσες ώρες τη βδομάδα θα ήθελες να αφιερώνεις για να αποκτήσεις αυτό το ποσό που ζητάς;'

4 'Πόσους μήνες θα ήθελες να αφιερώσεις αυτές τις ώρες της βδομάδας για το ποσό που ζητάς;'

5 'Εάν σου έδειχνα τον τρόπο, είσαι έτοιμος να αρχίσουμε ;'

Εάν το ποσό που ζητούν είναι αδύνατο να πετύχει στο χρονικό διάστημα που θέλουν να αφοσιωθούν τότε τους απαντάμε σαν σύμβουλος—'Το ποσό που ζητάς, μπορεί να γίνει εφικτό, αλλά χρειάζεται τρομερή δουλειά. Μπορούμε και έχουμε την ικανότητα να το πετύχουμε αλλά θα πρέπει να αφιερώσεις περισσότερες ώρες τη βδομάδα για περισσότερους μήνες. Εάν είσαι πρόθυμος να αλλάξεις τις προσδοκίες σου, τότε ξαναμιλάμε.'

Εάν δεν είναι ακόμα έτοιμος τότε **ορίζουμε μέρα και ώρα μέσα στις επόμενες 1-3 μέρες** για την επόμενη μας συνάντηση και γίνεται επανάληψη.

ΜΕΡΟΣ 3ο

ΚΑΘΟΔΗΓΗΣΗ ΚΑΙΝΟΥΡΓΙΩΝ ΜΕΛΩΝ

ΙΚΑΝΟΤΗΤΑ 7

ΣΥΝΕΧΗΣ ΠΑΡΑΚΟΛΟΥΘΗΣΗ (019)

ΜΕΤΑ ΤΗΝ ΕΓΓΡΑΦΗ

Ακολουθούν 5 πολύ δυναμικά βήματα, αλλά για να μπορέσουμε να τα εξηγήσουμε, πρέπει να τα εμπεδώσουμε εμείς πρώτα και στη θεωρία αλλά και στη πράξη. Ως συνήθως τα βήματα αυτά τα κάνει ο ειδικός και εμείς μαθαίνουμε δίπλα του.

ΒΗΜΑ 1   ΣΥΓΧΑΡΗΤΗΡΙΑ

'Είμαι περήφανος που εσύ αποφασίζεις για σένα, από τώρα και στο εξής τα πράγματα θα είναι διαφορετικά για σένα και την οικογένεια σου.'

ΒΗΜΑ 2α Η ΑΛΗΘΕΙΑ

'Η επιτυχία σου σε αυτή την ιδέα καθορίζεται από σένα και όχι από μένα. Θα είσαι η διαφορά μεταξύ επιτυχίας και αποτυχίας. Είμαι εδώ να σε καθοδηγώ σε κάθε βήμα που παίρνεις, αλλά δεν μπορώ να το κάνω για σένα. Είμαι εδώ να δουλεύω μαζί σου αλλά όχι για σένα.'

ΒΗΜΑ 2β ΑΝΕΞΑΡΤΗΤΟΣ

'Η δουλειά μου είναι να σε βοηθήσω να ανεξαρτητοποιηθείς όσο το συντομότερο γίνεται από μένα. Συμφωνείς ότι είναι καλός στόχος;'

ΔΙΚΤΥΑΚΟ ΜΑΡΚΕΤΙΝΓΚ

ΒΗΜΑ 2γ ΑΠΟΓΟΗΤΕΥΣΕΙΣ

'Σίγουρα θα υπάρξουν ανεβοκατεβάσματα σε αυτή την επιχείρηση, θα υπάρχουν και καλές στιγμές αλλά και απογοητεύσεις. Όλοι μας το περνάμε αυτό. Από τη στιγμή που θα παύσεις να με ενοχλείς και δεν εμφανίζεσαι στις συναντήσεις, σημαίνει ότι ήρθαν οι κακές στιγμές. Όταν συμβεί αυτό σε σένα, που όπως ανάφερα και πριν, συμβαίνει σε όλους, πως θα ήθελες να το χειριστώ; Θέλεις να σε αφήσω μέχρι να το ξεπεράσεις ή να σε υπενθυμίζω συνεχώς το μεγάλο ΓΙΑΤΙ που πήρες την απόφαση να το κάνεις;'

ΒΗΜΑ 3 ΠΩΣ ΔΟΥΛΕΥΕΙ

1) Τον βοηθάμε να καταλάβει καλά τον τρόπο πληρωμής και το προϊόν ή την υπηρεσία. Του δείχνουμε πως λειτουργεί η ιστοσελίδα του.

2) Του παρέχουμε τα κατάλληλα υλικά και έγγραφα για να μπορεί να αρχίσει.

3) Βρίσκουμε το ΓΙΑΤΙ του. (ένα μέρος συμπληρώθηκε από ΙΚΑΝΟΤΗΤΑ 6-ΚΛΕΙΣΙΜΟ ερώτηση2).

4) Του παρέχουμε υλικά για εκμάθηση τι στην πραγματικότητα είναι το ΔΜ-επιμόρφωση.

5) Τον μαθαίνουμε να καλεί με τον σωστό τρόπο θεωρία και πρακτική.

6) Καλούμε τον κόσμο του μαζί!

ΒΗΜΑ 4 ΣΤΟΧΟΣ ΜΑΣ

1) Να τον βοηθήσουμε να βρει τον πρώτο του συνεργάτη όσο πιο γρήγορα γίνεται.

2) Να τον βοηθήσουμε να παρευρεθεί στην πλησιέστερη συνάντηση της ομάδας που θα γίνει.

3) Να τον βοηθήσουμε να πάρει τα πρώτα του λεφτά.

ΒΗΜΑ 5 ΕΠΟΜΕΝΗ ΣΥΝΑΝΤΗΣΗ

Κλείνουμε τα επόμενα ραντεβού με τους καλεσμένους τους και είμαστε παρόντες. Είμαστε οι ειδικοί τώρα. Λόγω του ότι είναι αρχάριοι και να μην μπορούν να ξεπερνούν τις απογοητεύσεις, θα κλείνουμε συνέχεια ραντεβού μαζί τους, έστω και αν δεν έχουν καλεσμένους. Θα το κάνουμε συνεχώς και με προθεσμίες γιατί υπάρχει μια γραμμή στην οποία βαδίζουνε πάνω και στη μια πλευρά είναι η επιτυχία και έτσι πολύ εύκολο είναι πλέον για αυτούς να συνεχίσουν, ενώ στην άλλη πλευρά είναι αποτυχία και πολύ εύκολο είναι να παραιτηθούν.

Αυτό εξαρτάται από:

1) Πόσο επαγγελματικά θα κάνει την πρώτη εγγραφή και πόσο γρήγορα.
2) Την πρώτη πληρωμή.
3) Την πρώτη συνάντηση με την ομάδα και με την εταιρεία
4) Την πρώτη του αναγνώριση.
5) Τις φιλίες με άλλους ανεξαρτήτους αντιπροσώπους της ίδιας ομάδας ή και από άλλες.

ΙΚΑΝΟΤΗΤΑ 8

ΠΡΟΩΘΗΣΗ ΣΥΝΑΝΤΗΣΕΩΝ ΚΑΙ ΕΚΠΑΙΔΕΥΣΕΩΝ (020)

Α] ΜΕΣΩ WEBINARS

Β] ΣΥΝΑΝΤΗΣΕΙΣ ΑΠΟ ΤΟΠΙΚΕΣ ΜΕΧΡΙ ΠΑΓΚΟΣΜΙΕΣ

Κάτι μαγικό συμβαίνει όταν απομακρυνόμαστε από την πραγματικότητα και αφιερώνουμε όλο μας το χρόνο στα όνειρα μας με τέτοιου είδους συναντήσεις. Μπορεί να είναι 3 ήμερα· μπορεί Σαββατοκύριακα, ακόμη και 1 μέρα μόνο, είναι αρκετό για να μαζέψουμε ενέργεια και να πάμε πίσω και να κάνουμε ότι χρειάζεται για να προχωρήσει η επιχείρηση μας πιο ψηλά.

Σε αυτές τις συναντήσεις, γνωρίζουμε περισσότερο κόσμο που έχει τις ίδιες σκέψεις και όνειρα με μας. Βλέπουμε περισσότερες κοινωνικές αποδείξεις. Ακούμε από επιτυχημένους τις ιστορίες τους.

Ο σκοπός είναι να παρευρεθούν όσα περισσότερα άτομα από την ομάδα μας, για να γίνεται σωστή αναπαραγωγή και να δημιουργηθεί το λεγόμενο **momentum**. Για αυτό και η προώθηση, πρέπει να γίνεται με τέλεια εξύψωση του επόμενου συνεδρίου που θα έρθει.

Για να πετύχει όμως αυτή η προώθηση, πρέπει να παρευρεθούμε εμείς πρώτα για να νιώσουμε την ενέργεια και να μπορούμε να εξηγούμε. Είναι σημαντικό να μπορούμε να λέμε τις ιστορίες από άτομα που γνωρίσαμε εκεί.

ΔΙΚΤΥΑΚΟ ΜΑΡΚΕΤΙΝΓΚ

MATHEMATICAL UNDERLINE:

ΜΑΘΗΜΑΤΙΚΑ

1η ΣΥΝΑΝΤΗΣΗ Μια αίθουσα με 1000 άτομα

2η ΣΥΝΑΝΤΗΣΗ Η ίδια συνάντηση μετά από ένα χρόνο. Από αυτά τα 1000, ήρθαν οι μισοί (500) + καινούργιοι.—Αυτοί οι 500 παίρνουν διπλάσιο εισόδημα από όλη την αίθουσα.

3η ΣΥΝΑΝΤΗΣΗ Η ίδια συνάντηση μετά από ένα χρόνο. Από αυτά τα 500, οι μισοί δεν εμφανιστήκαν αλλά οι άλλοι μισοί (250) παίρνουν το 4πλάσιο εισόδημα από ολόκληρη την αίθουσα που είναι εκεί.

ΒΗΜΑ ΠΡΟΣ ΒΗΜΑ ΓΙΑ ΤΗΝ ΕΠΙΤΥΧΙΑ

ΒΗΜΑ 1 ΒΡΕΣ ΤΟ ΓΙΑΤΙ ΣΟΥ! ΜΑΘΕ ΝΑ ΣΚΕΦΤΕΣΑΙ ΣΥΝΕΧΩΣ ΘΕΤΙΚΑ (NLP, EFT).

ΒΗΜΑ 2 ΚΑΝΕ ΤΙΣ ΛΙΣΤΕΣ ΣΩΣΤΑ.

ΒΗΜΑ 3 ΚΑΛΕΣΕ ΣΩΣΤΑ.

ΒΗΜΑ 4 ΠΑΡΟΥΣΙΑΣΗ:

1) ΕΞΥΨΩΣΗ ΕΙΔΙΚΟΥ Η ΠΑΡΟΥΣΙΑΣΤΗ Η ΣΥΓΓΡΑΦΕΑ ΚΤΛ

2) ΜΑΘΕ ΝΑ ΛΕΣ ΤΗΝ ΙΣΤΟΡΙΑ ΣΟΥ ΣΕ 30 ΔΕΥΤΕΡΟΛΕΠΤΑ

3) ΚΑΛΕΣΕ ΦΙΛΟ ΝΑ ΠΕΙ ΤΗΝ ΙΣΤΟΡΙΑ ΤΟΥ ΚΑΙ ΑΥΤΟΣ

ΒΗΜΑ 5 ΕΝΗΜΕΡΩΣΗ ΤΟΥ ΚΑΛΕΣΜΕΝΟΥ ΜΑΣ, ΚΛΕΙΣΕ ΟΣΕΣ ΣΥΝΑΝΤΗΣΕΙΣ ΧΡΕΙΑΣΤΟΥΝ ΓΙΑ ΚΑΤΑΝΟΗΣΗ ΚΑΙ ΕΠΙΜΟΡΦΩΣΗ ΤΟΥ.

ΒΗΜΑ 6 ΚΛΕΙΣΙΜΟ. ΕΙΜΑΣΤΕ ΣΥΜΒΟΥΛΟΙ ΚΑΙ ΣΚΟΠΟΣ ΜΑΣ ΕΙΝΑΙ Η ΣΩΣΤΗ ΚΑΘΟΔΗΓΗΣΗ.

ΒΗΜΑ 7 ΣΩΣΤΗ ΠΑΡΑΚΟΛΟΥΘΗΣΗ ΚΑΙ ΚΑΘΟΔΗΓΗΣΗ ΜΕΧΡΙ ΑΝΕΞΑΡΤΗΤΟΠΟΙΗΣΗΣ ΤΟΥ ΚΑΙΝΟΥΡΓΙΟΥ ΜΑΣ ΣΥΝΕΡΓΑΤΗ.

ΒΗΜΑ 8 ΣΩΣΤΗ ΠΡΟΩΘΗΣΗ ΤΩΝ ΣΥΝΑΝΤΗΣΕΩΝ ΤΗΣ ΕΤΑΙΡΕΙΑΣ.

ΚΕΦΑΛΑΙΟ 3ο

ΠΩΣ ΝΑ ΠΕΤΥΧΟΥΜΕ ΓΕΝΙΚΑ ΣΤΗ ΖΩΗ ΜΑΣ

ΤΙ ΠΡΕΠΕΙ ΝΑ ΚΑΝΟΥΜΕ

Η επιτυχία είναι κάτι που ελκύουμε από το τι άνθρωποι γινόμαστε στη πορεία. *(JIM ROHN).*

Για οτιδήποτε θέλουμε να κάνουμε και να πετύχουμε στη ζωή μας, δεν αρκεί μόνο η ακαδημαϊκή μόρφωση ή/και επαγγελματική μόρφωση.

Βάση του *NAPOLEON HILL*, στο βιβλίο του **'ΓΙΝΕΤΕ ΠΛΟΥΣΙΟΙ ΜΕ ΤΗ ΔΥΝΑΜΗ ΤΗΣ ΣΚΕΨΗΣ'**, η λέξη μόρφωση (education) προέρχεται από την λατινική λέξη *educo*, που σημαίνει, να εξάγεις, να αναπτύξεις κάτι από μέσα προς τα έξω. Δηλαδή, μορφωμένος δεν είναι αυτός που κατέχει πληθώρα γενικών ή εξειδικευμένων γνώσεων, αλλά αυτός που έχει αναπτύξει τις εγκεφαλικές του λειτουργίες με τέτοιον τρόπο, ούτως ώστε να έχει τις ικανότητες να μπορεί να επιτύχει οτιδήποτε θέλει ή το ισοδύναμο του, χωρίς να παραβιάζει τα δικαιώματα των άλλων συνανθρώπων του, όπως επίσης και συστημάτων.

Για την απόλυτη επιτυχία πρέπει να είμαστε γνώστες **ΠΕΝΤΕ** βασικών ειδών μόρφωσης.

ΜΟΡΦΩΣΗ 1	**ΠΝΕΥΜΑΤΙΚΗ**
ΜΟΡΦΩΣΗ 2	**ΧΡΗΜΑΤΟΟΙΚΟΝΟΜΙΚΗ**
ΜΟΡΦΩΣΗ 3	**ΕΠΙΚΟΙΝΩΝΙΑ**
ΜΟΡΦΩΣΗ 4	**ΗΓΕΣΙΑ**
ΜΟΡΦΩΣΗ 5	**ΑΚΑΔΗΜΑΙΚΗ/ΕΠΑΓΓΕΛΜΑΤΙΚΗ**

ΔΙΚΤΥΑΚΟ ΜΑΡΚΕΤΙΝΓΚ

ΜΟΡΦΩΣΗ 1 ΠΝΕΥΜΑΤΙΚΗ

Καλλιέργεια της προσωπικότητας μας (καλύτερος ως άνθρωπος, ως γονιός, φίλος, αδερφός, παιδί, παππούς κτλ, καλύτερος επιχειρηματίας, στην πίστη και πολλά άλλα)

Οι σκέψεις, οι πεποιθήσεις και τα συναισθήματα δημιουργούν την πραγματικότητα καθενός από μας, με αποτέλεσμα η ίδια μας η ζωή να εξαρτάται σε μεγάλο βαθμό από αυτά που σκεφτόμαστε, που πιστεύουμε ή αισθανόμαστε. Έτσι, αν επιθυμούμε να αλλάξουμε τη ζωή μας, θα πρέπει να εντοπίσουμε τις σκέψεις, τις πεποιθήσεις και τα συναισθήματα που μας δημιουργούν άσχημη διάθεση και να τα αντικαταστήσουμε με άλλα, που θα οδηγήσουν σε αυτό που επιθυμούμε. Ένας τρόπος είναι να αλλάξει κανείς τον τρόπο με τον οποίο σκέφτεται και αισθάνεται, άρα και **ερμηνεύει τη ζωή** και να βρει κάτι πιο θετικό.

Μερικά παραδείγματα από τη πλούσια συλλογή σε αυτό το τομέα

ΜΕΝΤΟΡΕΣ	ΒΙΒΛΙΑ ΚΑΙ ΟΠΤΙΚΟΑΚΟΥΣΤΙΚΑ ΜΕΣΑ
NAPOLEON HILL	1) THINK AND GROW RICH
	2) THE LAW OF SUCCESS
	3) THE 17 PRINCIPLES OF PERSONAL ACHIEVEMENT
WALLACE WATTLES	1) THE SCIENCE OF GETTING RICH
	2) THE SCIENCE OF BEING WELL
WILLIAM CLEMENT STONE	1) SUCCESS THROUGH A POSITIVE MENTAL ATTITUDE
DALE CARNEGIE	1) HOW TO STOP WORRYING AND START LIVING
	2) HOW TO ENJOY YOUR LIFE AND YOUR JOB
JIM ROHN	1) 7 STRATEGIES TO WEALTH AND HAPPINESS
	2) THE ART OF EXCEPTIONAL LIVING
	3) THE FIVE MAJOR PIECES TO THE LIFE PUZZLE
	4) MY PHILOSOPHY TO SUCCESSFUL LIVING
	5) 12 PILLARS OF SUCCESS
	6) CHALLENGE TO SUCCEED

Dr Neo

ZIG ZIGLAR	1)	BETTER THAN GOOD
	2)	CONVERSATIONS WITH MY DOG
BOB PROCTOR	1)	YOU WERE BORN RICH
	2)	STOP WISHING START WINNING
	3)	THE GOAL ACHIEVER
	4)	IT'S NOT ABOUT THE MONEY
	5)	SET FOR LIFE
ANTHONY ROBBINS	1)	UNLEASH THE POWER WITHIN
	2)	AWAKEN THE GIANT WITHIN
	3)	UNLIMITED POWER
BRIAN TRACY	1)	MAXIMUM ACHIEVEMENT
	2)	EAT THAT FROG
HARVEY MACKAY	1)	SWIM WITH THE SHARKS WITHOUT BEING EATEN ALIVE
	2)	DIG YOUR WELL BEFORE YOU 'RE THIRSTY
Dr. WAYNE W. DYER	1)	THE POWER OF INTENTION
	2)	YOUR ERRONEOUS ZONE
	3)	WISHES FULFILLED
STEPHEN R COVEY	1)	THE 7 HABITS OF HIGHLY EFFECTIVE PEOPLE

ΔΙΚΤΥΑΚΟ ΜΑΡΚΕΤΙΝΓΚ

ΜΟΡΦΩΣΗ 2 ΧΡΗΜΑΤΟΟΙΚΟΝΟΜΙΚΗ

Εκπαίδευση για υψηλότερο χρηματοοικονομικό δείκτη νοημοσύνης. Μπορεί να έχουμε μια σεβαστή ακαδημαϊκή/επαγγελματική μόρφωση και να παίρνουμε ένα πολύ καλό μισθό, αλλά δεν μας φτάνουν τα χρήματα και συνεχώς χρωστάμε. ΓΙΑΤΙ; ΑΠΑΝΤΗΣΗ: ασχέτως της μόρφωσης μας, ο χρηματοοικονομικός μας δείκτης νοημοσύνης είναι πολύ χαμηλός. Αυτό σημαίνει πως και περισσότερα χρήματα να παίρναμε, μπορεί και να ήμασταν ακόμη πιο βαθιά στα χρέη. Απλά χρειαζόμαστε χρηματοοικονομική εκπαίδευση.

Η χρηματοοικονομική ευφυΐα είναι όταν κάποιος έχει τις ικανότητες να λύνει χρηματοοικονομικά προβλήματα. Ο χρηματοοικονομικός δείκτης νοημοσύνης είναι ο δείκτης που μετρά πόσο ικανός είναι κάποιος. Επίσης σημαντική είναι η κατανόηση στο να είναι κάποιος εύπορος. Όχι μόνο να έχει πολλά λεφτά.

Είναι ο συνδυασμός γνώσεων λογιστικής, οικονομικών, εμπορίας και νομικής (φόροι).

Μερικά παραδείγματα από την πλούσια συλλογή στο τομέα αυτό.

ΜΕΝΤΟΡΕΣ	ΒΙΒΛΙΑ ΚΑΙ ΟΠΤΙΚΟΑΚΟΥΣΤΙΚΑ ΜΕΣΑ
ROBERT T. KIYOSAKI	1) RICH DAD POOR DAD
	2) WHY WE WANT YOU TO BE RICH (WITH **DONALD TRUMP**)
	3) CASH FLOW QUADRANT
	4) RETIRE YOUNG RETIRE RICH
	5) UNFAIR ADVANTAGE
	6) GUIDE TO INVESTING
	7) RICH KID SMART KID
	8) THE BUSINESS OF THE 21st CENTURY
	9) THE BUSINESS SCHOOL FOR PEOPLE WHO LIKE HELPING PEOPLE
KIM KIYOSAKI	1) RICH WOMAN
MIKE MALONEY	1) GUIDE TO INVESTING IN GOLD AND SILVER
GEORGE S CLASON	1) THE RICHEST MAN IN BABYLON

Dr Neo

ΜΟΡΦΩΣΗ 3 ΕΠΙΚΟΙΝΩΝΙΑ

Είναι η ανταλλαγή υλικών και πνευματικών αγαθών μεταξύ δύο ή περισσότερων προσώπων. Η ανθρώπινη επικοινωνία δημιουργήθηκε πριν από εκατομμύρια χρόνια εφόσον οι άνθρωποι ένιωθαν από νωρίς αυτήν την ανάγκη. Σήμερα η επικοινωνία παίζει μεγάλο ρόλο στη ζωή μας αφού ολόκληρη η καθημερινότητα μας εξαρτάται από αυτήν. Η επικοινωνία μεταξύ μας μπορεί να γίνει με νοήματα, με λέξεις και με γράμματα δηλαδή μπορεί να είναι νοηματική, προφορική η γραπτή αντίστοιχα. Το να ξέρουμε πώς να ακούμε, να κατανοούμε και να συμπεριφερόμαστε απέναντι στον συνάνθρωπό μας, γιατί όλοι είμαστε ίσοι, είναι η μεγαλύτερη επιτυχία και ευτυχία στη ζωή μας.

Εδώ μαθαίνουμε πώς να συμπεριφερόμαστε απέναντι στους επτά κύριους προσωπικούς τύπους ανθρώπου, πώς να ακούμε, πώς να επιλύουμε αντιπαραθέσεις και πως να επηρεάζουμε θετικά.

Λόγω του ότι ζούμε στην εποχή της πληροφορικής, η επικοινωνία είναι το δυνατότερο κλειδί για την επιτυχία.

ΜΕΝΤΟΡΕΣ	ΒΙΒΛΙΑ ΚΑΙ ΟΠΤΙΚΟΑΚΟΥΣΤΙΚΑ ΜΕΣΑ
DALE CARNEGIE	1) HOW TO WIN FRIENDS AND INFLUENCE PEOPLE
	2) THE 5 ESSENTIAL PEOPLE SKILLS
	3) TIPS FOR PUBLIC SPEAKING
ALAN PEACE	1) WHY MEN DON'T LISTEN AND WOMEN CAN'T READ MAPS
	2) WHY MEN LIE AND WOMEN CRY
	3) WHY MEN WANT SEX AND WOMEN WANT LOVE 4) BODY LANGUAGE
PAUL EKMAN	1) UNMASKING THE FACE 2) TELLING LIES
OG MANDINO	1) THE GREATEST SALESMAN IN THE WORLD
BRIAN TRACY	1) THE PHILOSOPHY OF SELLING
BLAIR SINGER	1) $ALES DOGS

ΔΙΚΤΥΑΚΟ ΜΑΡΚΕΤΙΝΓΚ

ΜΟΡΦΩΣΗ 4 ΗΓΕΣΙΑ

Εάν καταλάβουμε τη διαφορά μεταξύ του διευθυντή και του ηγέτη, τότε είμαστε στο σωστό δρόμο. Ένας καλός διευθυντής δεν σημαίνει ότι είναι και καλός ηγέτης και ανάποδα. Αλλά θα μπορούσε να είναι και τα δύο.

Ένας ηγέτης έχει τις ικανότητες να αναπτύξει στρατηγικές μεθόδους και να δημιουργήσει φάσεις και χρονοδιαγράμματα για την επίτευξη του τελικού αποτελέσματος της νοητικής δημιουργίας (οράματος). Με τις ηγετικές του ικανότητες, έχει τη δύναμη να καθοδηγήσει ομάδα ανθρώπων στην οποία έχει κερδίσει εμπιστοσύνη και διαχρονικό θετικό αντίκτυπο, να πετύχουν το συγκεκριμένο στόχο έχοντας κοινά οφέλη.

Ο ηγέτης πρέπει να έχει τέσσερα βασικά χαρακτηριστικά:

1) Όραμα τόσο μεγάλο, που να χωράνε όλοι μέσα.

2) Την ικανότητα ανάπτυξης εμπιστοσύνης προς με τον αγνό του χαρακτήρα και την προθυμία του να βοηθήσει τους πάντες.

3) Διαχρονικά θετικό αντίκτυπο σε αυτούς που ηγείται.

4) Την ικανότητα να δημιουργεί άλλους ηγέτες.

ΜΕΝΤΟΡΕΣ	ΒΙΒΛΙΑ ΚΑΙ ΟΠΤΙΚΟΑΚΟΥΣΤΙΚΑ ΜΕΣΑ
DALE CARNEGIE	1) LEADERSHIP MASTERY HOW TO CHALLENGE YOUR SELF AND OTHERS TO GREATNESS
	2) THE LEADER IN YOU
JIM ROHN	1) THE 60 MINUTE LEADERSHIP CHALLENGE
	2) 2004 WEEKEND LEADERSHIP EVENT
JOHN C MAXWELL	1) THE 21 IRREFUTABLE LAWS OF LEADERSHIP

Dr Neo

ΜΟΡΦΩΣΗ 5 ΑΚΑΔΗΜΑΙΚΗ/ΕΠΑΓΓΕΛΜΑΤΙΚΗ

Η μόρφωση εισήχθη από την περιοχή της τέχνης στην Παιδαγωγική και δηλώνει την προσπάθεια του παιδαγωγού να επιτύχει την εσωτερική καλλιέργεια του παιδιού, σε συνάρτηση με τις προσδοκίες του σχολείου και τις επιδιώξεις της αγωγής. Προσιδιάζει μόνο στον άνθρωπο από τα έμβια όντα, ενώ ο χαρακτήρας της είναι πολιτιστικός, αξιακός και κοινωνικός, που επιδρά στον άνθρωπο και στις ανάγκες του. Η ακαδημαϊκή/επαγγελματική μόρφωση, είναι το τελικό στάδιο για την ολοκληρωμένη ανάπτυξη γενικευμένων ή ειδικευμένων γνώσεων και ικανοτήτων στον τομέα που ο καθένας μας επιλέγει.

Στη συγκεκριμένη περίπτωση του Δικτυακού Μάρκετινγκ

ΜΕΝΤΟΡΕΣ	ΒΙΒΛΙΑ ΚΑΙ ΟΠΤΙΚΟΑΚΟΥΣΤΙΚΑ ΜΕΣΑ
ERIC WORRE	1) GO PRO
RANDY GAGE	1) HOW TO BUILD A MULTI LEVEL MONEY MACHINE
ROBERT T. KIYOSAKI	1) THE BUSINESS OF THE 21st CENTURY
	2) THE BUSINESS SCHOOL FOR PEOPLE WHO LIKE HELPING PEOPLE
JIM ROHN	1) BUILDING YOUR NETWORK MARKETING BUSINESS
ZIG ZIGLAR	1) SECRETS OF CLOSING THE SALE
	2) NETWORK MARKETING FOR DUMMIES
MARY & WAYNE	1) MAKE YOUR FIRST MILLION IN CHRISTENSEN NETWORK MARKETING
	2) BE A NETWORK MARKETING SUPERSTAR
DON FAILLA	1) THE 45-SECOND PRESENTATION THAT WILL CHANGE YOUR LIFE
TOM SCHREITER	1) BIG ALL TELLS ALL

ΒΙΒΛΙΟΓΡΑΦΙΑ

1 CASH FLOW QUADRANT   Robert T Kiyosaki
2 GO PRO   Eric Worre
3 THINK AND GROW RICH   Napoleon Hill
4 NLP   Achilleas Achilleos (B.A.HYP NLP)
5 CHALLENGE TO SUCCEED   Jim Rohn

ΑΝΑΦΟΡΕΣ

ΑΡΙΘΜΟΣ ΑΝΑΦΟΡΑΣ	ΒΙΒΛΙΟ	ΣΕΛΙΔΑ
001	2013 Eric Worre, Network Marketing Pro.	21
002	2013 Eric Worre, Network Marketing Pro.	28
003	2013 Eric Worre, Network Marketing Pro.	45
004	2013 Eric Worre, Network Marketing Pro.	31
005	2013 Eric Worre, Network Marketing Pro.	48
006	2013 Eric Worre, Network Marketing Pro.	49
007	2013 Eric Worre, Network Marketing Pro.	50
008	2013 Eric Worre, Network Marketing Pro.	51
009	2013 Eric Worre, Network Marketing Pro.	56
010	2013 Eric Worre, Network Marketing Pro.	59
011	2013 Eric Worre, Network Marketing Pro.	60
012	2013 Eric Worre, Network Marketing Pro.	61
013	2013 Eric Worre, Network Marketing Pro.	62
014	2013 Eric Worre, Network Marketing Pro.	62
015	2013 Eric Worre, Network Marketing Pro.	67
016	2013 Eric Worre, Network Marketing Pro.	77
017	2013 Eric Worre, Network Marketing Pro.	85
018	2013 Eric Worre, Network Marketing Pro.	93
019	2013 Eric Worre, Network Marketing Pro.	101
020	2013 Eric Worre, Network Marketing Pro.	111

ΛΙΓΑ ΛΟΓΙΑ ΓΙΑ ΤΟΝ ΣΥΓΓΡΑΦΕΑ

Οικογενειάρχης στο όνομα Νεόφυτος Νεοφύτου (**Dr Neo**), με πτυχίο κτηνιατρικής και πτυχίο ειδικότητας στη χειρουργική ζώων. Επίσης πτυχίο στην Φυσικοπαθητική και Ομοιοπαθητική. Ασχολείται ολιστικά στον τομέα ιατρικής τόσο των ανθρώπων όσο και των ζώων. Γεννήθηκε στις 15/07/77 στη Λευκωσία, Κύπρο. Δουλεύοντας διαπίστωσε πως αντάλλασε χρόνο με το χρήμα, άρα ανήκε στο **S αριστερό τεταρτημόριο**. Βαρέθηκε να μην έχει χρόνο να απολαύσει την οικογένεια του και να μεγαλώσει τα μωρά του με τον σωστό τρόπο, ούτως ώστε να μην ζουν στην μετριότητα. Έτσι αποφάσισε να βρει κάτι παράλληλο για να έχει την δυνατότητα να ελέγχει αυτός τον χρόνο του και όχι το αντίθετο. Τότε είναι που κατάλαβε πως ο μοναδικός τρόπος να πετύχει τον στόχο του, είναι η επαφή του με πολύ κόσμο και ανακάλυψε πως η Δικτυακή Εμπορία είναι το καταλληλότερο αυτή την εποχή για να ασχοληθεί κανείς έστω και με μερική απασχόληση. Τα πρώτα δύο χρόνια εμπειρίας στο Δικτυακό Μάρκετινγκ, μάθαινε, αλλά εξακολουθούσε να είναι στο **S αριστερό τεταρτημόριο**. Ο λόγος είναι ότι ακόμη δεν κατάφερε να μπει στην κατηγορία του επαγγελματία δικτυωτή. Μετά από σκληρή δουλειά για να γίνει καλύτερος στον τομέα αυτό, με την βοήθεια μεντόρων, εκπαιδεύσεων, βιβλίων και εμπειριών και από διάφορες άλλες πηγές εισοδήματος μετά που έμαθε τους 5 βασικούς τύπους μόρφωσης κατάφερε να μπει στο **Β δεξί τεταρτημόριο** κατά τον πολυεκατομμυριούχο μέντορα **Robert T Kiyosaki**. Τώρα απολαμβάνει την ζωή του με την οικογενειά του, αλλά δεν έπαυσε να δουλεύει, αφού αγαπά αυτό που κάνει.

Κυρίως τον χρόνο του τον ξοδεύει με τρεις βασικές ασχολίες:
ευημερία 1) ανθρώπων
2) ζώων
3) φυτών και δέντρων

Ασχολείται επίσης με τη γυμναστική, σκοποβολή και πολεμικές τέχνες.

www.ingramcontent.com/pod-product-compliance
Lightning Source LLC
Chambersburg PA
CBHW021047180526
45163CB00005B/2319